台湾民宿之美

Ryokan Taiwan

叶锦鸿／著

广东旅游出版社
GUANGDONG TRAVEL & TOURISM PRESS
悦读书・悦旅行・悦享人生

中国・广州

图书在版编目（CIP）数据

台湾民宿之美 / 叶锦鸿著. — 广州：广东旅游出版社，2016.10（2018.05重印）
ISBN 978-7-5570-0433-0

Ⅰ.①台… Ⅱ.①叶… Ⅲ.①旅馆 - 介绍 - 台湾省 Ⅳ.①F719.2

中国版本图书馆CIP数据核字(2016)第173625号

出 版 人：刘志松
策划编辑：张晶晶　殷如筠
责任编辑：殷如筠
封面设计：Magic Studio
装帧设计：谢晓丹
责任技编：刘振华
责任校对：李瑞苑

台湾民宿之美
TAIWAN MINSU ZHI MEI

出版发行：广东旅游出版社
地　　址：广州市越秀区环市东路338号银政大厦西楼12楼
邮　　编：510180
邮购电话：020-87348243
广东旅游出版社网站：www.tourpress.cn
深圳市希望印务有限公司印刷
（深圳市坂田吉华路505号大丹工业园A栋二楼）
开本：787毫米×1092毫米　　1/16
印张：14
字数：200千字
版次：2016年10月第1版
印次：2018年5月第2次印刷
印数：4001-6000册
定价：45.00元

版权所有　侵权必究
本书如有错页倒装等质量问题，请直接与印刷厂联系换书。

序 Preface

发现台湾民宿之美

出门在外，你住民宿吗？想试试看住陌生爸爸妈妈为你准备的家吗？

一家民宿是一种独特的生活方式，无论朴实、简约或者奢华，一种独特的生活方式是一次全新的改变与体会。不同风格的民宿是不同的人生思维，无论创新或者怀旧，不同的人生思维将带来宽阔的生命视野与色泽。

旅游作家叶锦鸿先生走过台湾的千山万水，记录岛屿上独具韵味的民宿，从建筑外观、室内设计到待客之道，民宿主人从经营美好生活、分享台湾之美的理念出发，打造舒适空间服务四方旅人；而进行体验的作者不单是第一手信息搜集者，更是百部迷你公路电影，他放下所谓的进度与效率，轻轻蹦出常轨，进入海岸山林田野间，在旅程中细细感知自然，并重新疗愈自己与他者的关系。

　　书中的50间民宿，不论是房舍造型、陈设巧思、民宿地理位置，或视野辽阔或别有洞天，或强调当地美食、主人的私房菜，各有胜场，然而其共通之处，也是让投宿者流连忘返，是民宿主人那颗细腻的心。他们尽其所能准备迎接这些久居城市、沉溺工作的客人，在萍水相逢的短暂时光，安顿抚慰他们的身心。

　　纵使"人为生活工作，不为工作生活"，但工作毕竟不是化身几小时的赚钱机器尔尔，自己的人生又怎会是从下班后才开始，冷冷一刀斩两断呢？

　　出发感受民宿主人那颗细腻的心吧！

　　勿忘初衷，让他们带你的心回家。

台湾民宿协会会长

陈智夫

自序 Preface

用心去感受宝岛的民宿秘景

如果记忆没有错误，第一次在台湾旅行是在中学二年级的时候，那些在阿里山神木园拍摄的照片，仍深深印在脑海。其后，在图书馆找到一本英国航海家在亚洲航海日记中对宝岛的描述，激发我对它的好奇心及旅行的想象。从此，在我的旅行生涯中，台湾是我拜访最多的地方，差不多有80多次，而每次遇见的人物、地方和事件，都是行旅中最感动的路上风景！

此外，台湾的旅游设施发展多元及完善，不但可以满足各种族群的需求，更重要的是人们和善有礼，饮食及文化均广为港人所熟悉及接受，基本上不用花太多的时间准备计划及研究信息，即便是行李一提就走的无目的性即兴旅行，均可以旅行得很自在，轻松地带回开心回忆。

因为以上经历，朋友和读者们常常问我最喜欢台湾的哪一个地方，但是对我来说，应该没有比这个还要难以回答的了。理由是因为，台湾不仅有许多深具魅力的地方，而每个地方都拥有当地强烈的性格特质，还有饶富深意的历史与当地人们的生活轨迹，这些很难有一个标准的答案，但是唯一可以肯定的是台湾的特色民宿。

当我在安排一趟台湾"轻旅行"时，一定得挑选一间自己喜欢的民宿，多方面吸收新信息是能够入住到自己打从心底喜欢的民宿的最好方法。每个人评价一家民宿的优劣标准不同，区别在于个人对住宿的需求如何。有人觉得只是落脚一晚的归处，干净整洁就好；有人喜欢民宿周围有高山大海的自然美景环绕；有人则向往民宿有豪华的硬件设备或华美的建筑外貌；当然也有人欣赏民宿里的人文与艺术。

本书推荐的50家民宿，每一家民宿都有属于自己的故事，也都曾在我的旅程中留下一段美好的记忆。希望读者阅读此书后，有机会也能到民宿停留一夜或数夜，亲自感受不同氛围的民宿，领略全然放松的自在假期。

旅行的意义是一种追寻自我的过程，藉由不同的场景以及陌生的事物探究自己未知的一面，是一套学习人生的课程。自己很庆幸在世界各地游走，看看花花绿绿的世界如万花筒般绚丽耀眼，即使旅程结束，余韵仍回荡盘旋，是难得的人生经验。而最重要的是用心去感受旅行中的光与影。

旅人，路上风景不要匆忙走过，不能轻易错过。从旅行中看见自己，也看见身边一景一物。

出发！一起来用心去感受宝岛的民宿旅行！

叶锦鸿 Kenneth

Contents

- 2　序：发现台湾民宿之美
- 4　自序：用心去感受宝岛的民宿秘景

Chapter 1　东部

台东 / 花莲 / 宜兰

- 2　浮水印
- 6　真情非凡行馆
- 10　明水露
- 12　大渔日和
- 15　噶玛兰ㄟ古厝
- 19　若轻新人文度假空间
- 22　伊万里民宿
- 26　艾德堡德国城堡民宿
- 30　米卡洛民宿

- 34　怡然居摄影风格民宿
- 38　崖上民宿
- 41　花现民宿
- 46　樱悦景观度假别墅
- 49　山下的厝温泉民宿
- 53　来看大海
- 55　庄稼熟了
- 61　有人在家
- 67　布洛湾山月邨
- 71　竹湖山居
- 76　余水知欢

- 81　鹿野高台民宿
- 85　爵士小管

- 89　宜兰县周边游
- 91　花莲县周边游
- 93　台东县周边游

Chapter 2　北部

苗栗 / 新北 / 台北

- 96　金瓜石缓慢民宿
- 100　湖畔花时间
- 104　Solo Singer Inn

- 108　新北市周边游

云林 / 屏东 / 台南

Chapter 3　南部

- 112　垦丁牧场旅栈
- 116　榄人生态民宿
- 120　老林居
- 125　吾宅
- 129　荷兰井涌泉民宿

- 133　屏东县垦丁夏日游
- 136　台南市周边游

南投 / 嘉义 / 台中

Chapter 4　中部

- 140　新社薰衣草森林
- 145　老五民宿
- 151　阿将的家
- 156　天空的院子
- 161　秘密游
- 165　玉山旅社
- 169　欧莉叶荷城堡民宿
- 173　巷子弯弯

- 177　南投县日月潭周边游

澎湖 / 金门 / 小琉球 / 马祖

Chapter 5　外岛

- 180　叮叮单车民宿
- 184　北山洋玩艺民宿
- 189　杉板湾观海Villa民宿
- 194　澎湖陶兵艺术民宿
- 198　候鸟潮间带民宿
- 202　人鱼之丘海景民宿
- 206　香格里拉休闲民宿

- 210　台湾交通资料

Chapter 1

东部

台东 / 花莲 / 宜兰

Full-Sweet Inn

浮水印

阿兰·德波顿（Alain de Botton）是位奇才，这么说绝对不为过。这位现居英国伦敦的瑞士作家，堪比文艺复兴时期的天才达·芬奇，曾经探讨过各方面的课题——爱情、哲学、工作秘诀、旅行。他近年写作的《幸福的建筑》（The Architecture of Happiness）一书，探讨物质的建筑与人的幸福之间的关系，亦让人们见识到，其实建筑也可以从哲学、美学和心理学的理论角度进行分析，更是与琢磨不透的"幸福指数"挂上紧密的联系。随后，德波顿索性"改行"担任建筑师，他与同伴们发起的"Living Architecture"建筑项目，把虚幻幸福指数变为现实的行动。

在宜兰的土地上，很容易遇见幸福的建筑，而其中大部分都是民宿。今次我住在位于五结乡的幸福民宿——水印。原来五结乡位于兰阳平原东方，东临太平洋，北有兰阳溪南有冬山河贯穿全乡，冬山河中、下游精华河段，尽在乡境内。但冬山河下游河道弯曲地势低洼，每逢台风或豪雨经常泛滥成灾，经多年来的整治，不但解除了长久以来的水患，随着亲水公园的成立及盛况空前的"国际童玩节"活动，打响了冬山河的名气，带动周边的观光发展，也改变了五结乡以农立乡的特质。

水印的整体风格有点难以界定，建筑外观的风格与走廊上饰品的风格以及房内的风景可以是完全不同的情调，主人应该是将自己所喜爱的各种风格融合在这家民宿里，试着提供给宿客不同风情。门板上的远香用剪纸的形态呈现着，旁边还有花朵与小池塘的样式，描绘的应该是房内的庭园一景。

水印的房间名都取得很有意境，浮翠、远香、虹飞、迎曦、镜塘、霞飞。

每间都是唯一，各有不同的装潢摆设。而一楼房间似乎都有独立的小庭院，远香的庭院好像是最大的，庭院的地上落着一个人工池，池塘旁的树还很稚幼遮蔽不了阳光，户外摆了桌椅，可以坐着喝茶，欣赏冬日午后的风光。

浴室占地非常广且干净，浴缸很大，整个人埋进去还可以很宽裕地动来动去。水印提供了宝格丽的备品，共有肥皂、沐浴乳跟洗发精，不但有浴缸还有花洒。从浴室往外望的风景，兰阳平原最美丽的就是水田倒映着天空或路旁的建筑物，正反相映成趣。

放完行李休息一下，就到餐厅用下午茶了。餐厅的造景多用实木装潢，佐以精致的雕花，比较偏向南洋风味。可供大家族用餐的大餐桌，有趣的是旁边饰有绿

色壁纸的那一区，最后那一块是厨房的出入口，厨房收送餐点都是由那边进出的。

　　老板娘在提供宿客餐点的这个环节上颇为讲究，希望客人吃到的都是热腾腾的餐点，因此都会询问用餐时间，等到我们到餐厅后，老板娘随即吩咐厨房再将餐点稍加热后再端出来。

　　隔天的早餐，也是让我们相当惊喜的。早餐除了一般常见的面包、果酱、果汁、咖啡等，每个客人还有一盘搭配粥品的小菜。值得一提的是这里的食物大多是民宿亲手制作的，所以没有太多添加物，可以吃得很天然。

　　水印的建筑相当地华丽，老板娘非常热情且客气，如果行程安排上有任何的疑问都可以向她洽询，她总是很热心且笑脸盈盈地帮你处理任何事情，虽然房间风格和我们期望的有点小落差，但是下午茶跟早餐很好吃也很有特色，是值得住一次试试看的。

　　水印是一家集清幽、雅致和古典于一身的民宿，在外，是充满东南亚风格的庭园；在内，则是古典、高雅、舒适兼而有之的房间，再加上四周被绿油油的田野包围住，整个环境和氛围，无不令人置身忘忧境界。

房价

极致双人房 Supreme Double	4200NTW
雅致双人房 Elegant Double	3600NTW
观景四人房 Sightseeing Quad	5200NTW
跃层四人房 Duplex Quad	5200NTW

星级评价 ★★★★

民宿 Info

地址　宜兰县五结乡协和中路13巷23号
电话　0930-262829　/　0919-921049
网址　full-sweet-inn.com.tw

真情非凡行馆

Sealuv Homestay

位于宜兰头城的真情非凡行馆，面向太平洋，远眺龟山岛。在房间的露台上，吹着海风，听着海浪，观赏黄昏美景，龟山日出，令人乐而忘忧。附近还有兰阳博物馆，门前沙滩就是滑翔伞降落点，如此得天独厚，也令人乐而忘返。在这里，我们还享用了一顿丰富的晚餐，食材是新鲜的海产，经过悉心的烹煮，十分美味。特别是负责接待我们的民宿主人一句"有什么需要，不要客气，这里是你们在宜兰的家"，令我们感到温馨与难忘。

民宿一楼有DVD和书籍供客人挑选观看，房间内的影音设备也非常好。我们入住的是爱阿西娜，地中海式的风格，跃层的装潢，也颇有一番风味。为了配合休假的氛围，进房时，房间内播放的是basanova music，让人顿时放松下来。尤其是可以看得到龟山岛和美丽海景的阳台，让人感觉置身在国外一样，美不胜收！

从民宿的后门就可以直接走到海边，非常的近，蓝天白云让我们整个心情放空。在海边散步完后，民宿也有提供户外的清洗区，将海水泥沙给冲洗干净，真的是非常的贴心。

餐点更是无可挑剔，海鲜食材新鲜美味，厨师们的用心是吃得出来的，食后让人回味无穷！

民宿准时晚上六点用餐，如需要得先预订，每人的价格为890元。这儿的晚餐基本上房客有优先预订权。餐厅内30个座位提供8间住房客人优先预订，其余才开放非订房客人预订。由于晚餐使用的渔货都是当天一早由民宿主人聪哥亲往市场挑选的，随着周一市场公休，自然也就无法提供晚餐了。

民宿Info

地址：宜兰县头城镇外澳里滨海路二段70号
电话：03-9773523 ｜ +886-3-9773523
网址：http://www.sealuv.com.tw/index.php

用餐前服务人员先帮我们上了杯温热的水蜜桃茶暖暖胃，接着便送上这天的前菜料理——吻仔鱼海藻山药色拉。海藻采集自外澳海域，口感鲜脆略带黏性，搭配新鲜的山药、吻鱼，以及小黄瓜丝来食用，感觉十分清爽。

海鲜拼盘，是由红鲷、透抽以及甜虾组成的三式生鱼片拼盘。新鲜的海鲜基本上无须过度调味，只要简单的日式薄盐酱油、略带呛味的现磨山葵，就能充分带出食材原本的鲜香海味，且分量十足，老实说，不争气的我，吃完这道，就已经接近七分饱了！

另外值得一赞的便是味噌豆腐鲜鱼汤与黑毛猪卤肉饭。鱼汤汤底加入蔬果精心熬制，使其品尝起来清爽甘鲜不死咸。卤肉饭则选用宜兰当地产的黑毛猪胛心

肉，并加入五种以上的食材炒制而成。

　　软嫩不油的卤肉，搭配店家自栽自制的爽脆菜脯干来吃，感觉十分过瘾！如果一碗吃不够的话，还能再续。

　　结束丰盛的晚餐后，时间也不早了，为了迎接翌日的日出，我们早早便沐浴就寝去。这一晚我睡得很安稳，安稳到让我一度想牺牲日出来换取多一个小时的睡眠时间。

房价

太阳神阿波罗	平日：8000NTW	假日：10000NTW	标准入住人数：2人
巴里岛库塔	平日：3900NTW	假日：4800 NTW	标准入住人数：2人
月神黛安娜	平日：8000 NTW	假日：10000NTW	标准入住人数：2人
希腊米克诺斯	平日：5900 NTW	假日：7300 NTW	标准入住人数：2人
希腊爱琴娜	平日：5600 NTW	假日：6900NTW	标准入住人数：2人
法国马赛	平日：3900NTW	假日：4800 NTW	标准入住人数：2人
美神维纳斯	平日：8500NTW	假日：10500NTW	标准入住人数：2人
海神波赛顿	平日：9500NTW	假日：12000 NTW	标准入住人数：2人

进房时间：15:00以后
退房时间：11:00以前

星级评价　★★★★★

明水露

Bed & Breakfast

旅行是换个地方生活，如果想欣赏宜兰纯朴的田园风景，又想感受异国风味的峇里岛风格，期待有一次与众不同的私房旅行，我便走到明水露民宿放松心情，期望拥有一段祥和舒适的心灵时刻，充分感受这里优美的风景。

早晨在阳光的照耀下更显闪耀，一旁的鸟儿则是悠闲地在枝头上啼叫，在主人准备的舒适客房一夜好眠之后，迎接您的是充满朝气的早晨，清新的空气飘来青草香、稻穗香。享用过民宿主人的丰盛早餐，即将开始乡村田园之旅，无忧无虑自在开怀的假期，将使人难以忘怀。

明水露的现做早餐由男女主人为您准备。三星的有机米熬成的白粥，鲜采的三星葱烘蛋限定有机时蔬和宜兰名菜胆肝鸭赏一定令人印象深刻！饭后再来杯现调果汁，咖啡或红茶，活力旅程就从明水露的早餐开始！

在明水露的空间美学里，利用灯饰与独立空间感打造出自在且温馨的休憩环境，每间客房皆设计出不同的风格与主题。宽敞明亮的卧房，干净柔软的大床，雅致的摆饰与陈设，如此优质的休憩空间，可以让您享受片刻宁静，顿时释放身心压力。典雅建筑外观，恬静

清幽的环境，搭配鹅黄浪漫庭园灯，呈现优美柔和的画面，令人有前往一探究竟的冲动。

最后，不要错过由老板娘特制的红豆煎饼，采用屏东万丹红豆慢熬两小时，平底锅温火慢煎，每口都可细细品尝出红豆的香醇。坐在柚木椅上盘起腿发呆什么都不想，来明水露度假一定会很舒服。

民宿Info

地址：宜兰县三星乡光复路128-33号
电话：0988-075551
网址：http://mingshui-lu.com.tw

房价

新寮瀑布四人套房	3800元
翠峰湖四人套房	3800元
梵梵双人套房	2300元
冬山河双人套房	2500元
梅花湖双人套房	2500元
武荖坑双人套房	2700元
九寮溪双人套房	2600元

星级评价 ★★★★

大渔日和

Taiori

台湾的民宿,很少以美食作主题,但在宜兰礁溪温泉名镇中,大渔日和的一泊二食是行旅寄居中的精华。

悄悄推开门,还没进屋,在玄关就能闻到浓浓的木头香,木制长桌上的自在钩,小炭炉上悬挂着茶壶,煮热了茶,也弥漫了一室温暖,仿佛传递着大渔日和期许自己带给旅人丰收鲜美的满足与感动。

稻穗随风摇曳摆浪,面对大片稻田的三层厝里,男女主人和来访的朋友分享当地食材、现捞渔获及当地温泉。以一泊二食为定位的民宿,男主

的,很有家的感觉。

房间是从二楼进入,一上楼就会看到左右两边各一间房间。进入房间后,看到的是两张双人床与一个和室,房间的大小及床是固定的。房价是依照入住的人数计算。在房门的后面,还有一个楼梯,沿着楼梯向上就是汤屋和干湿分离的洗手间,在汤屋的外面,还有一个小小的户外日式庭院,可以坐在外面看风景,不论是白

人对于料理的坚持,就落实在这家占据一楼大半空间的开放式厨房里;他坚持要让料理成为民宿之魂,而宜兰大溪渔港得天独厚的渔获,就成为料理的精神。此外,每间客室都拥有独立的半露天风吕、缘廊与小庭院,放松身心的小旅行不但有礁溪美人汤舒缓身心,连味蕾也获得大大满足。

大渔日和其实是老板的第二家民宿,第一家是大渔部屋,因为美味的料理所以总是一房难求,所以老板在2012年又开了这家大渔日和。走进民宿先看到的是公共区域,左手边有个半开放式的厨房,隔着吧台可以看到里面厨师备餐的情形。

民宿一楼除了厨房之外都是餐厅,有充满日式风味的小包厢,也有一般的用餐区域。找个桌椅坐下,一旁还有咖啡和茶可以自行取用,虽然公共空间不算太大,但是还蛮舒服

民宿Info

地址：宜兰县礁溪乡奇立丹路195巷29号
电话：03-9881717
网址：http://taiori.com

天晚上都别有风情！

　　晚餐是这家民宿的亮点。生鱼片是在渔船上直接吃到的那么新鲜，而红甘、胭脂虎、甜虾每一样都精彩，除了食材本身新鲜外，料理的功夫也很不错，生鱼片吃不到任何的筋，片的厚度也是恰到好处，加上旁边的现磨山葵，这生鱼片吃再多好像也不会腻，甜虾更是非常美味。生鱼片吃到一半，旁边的鮟鱇鱼锅默默地上桌了，这种出现在日本高级料亭的料理，这里也吃得到，汤头是一堆蔬菜熬煮出来的，相当甜，自然的甜，鮟鱇鱼肉吃起来很Q，感觉胶原蛋白很多，里面还有鮟鱇鱼肝，吃起来滋味丰美，没有一丝腥味，搭配一旁的柚子醋，吃起来更是清爽。

　　其后，泡一场幸福汤浴更是人生一大乐事也！

　　早餐虽然简单，但却是充满着浓浓的宜兰特色，清粥搭配菜脯蛋、豆腐乳、红菜、酱瓜，都是宜兰人最传统的早餐！这次入住大渔日和都很满意，民宿提供了非常优质的环境。民宿主人设计的心思和氛围，让旅人享受一个不一样的田园宁静和泡汤飨宴！

房价

入住人数2人	每人4600NTW
入住人数3人	每人3300NTW
入住人数4人	每人2800NTW
入住人数5人	每人2700NTW
入住人数6~8人	每人2600NTW

　　基本住宿房价包含住宿、早餐及桧木风吕。
　　平日价格为定价六折、旺日（周五、周日）为七折、假日（周六）八折；
　　其他节日及寒暑假依订房系统试算价格为准。
　　依入住人数提供1房1厅（2-3人），2房1厅（4-5人），3房1厅空间（6-10人）。
　　实际可预订人数可能因季节或日期调整，如有需要可进入订房系统输入人数进行查询。
　　本房型未提供加床服务。

星级评价 ★★★★★

噶玛兰ㄟ古厝

Tree House

　　冬山河，一条长仅24公里的河川，水流稳定，更是台湾首屈一指的水上活动场所。目前冬山河静静地流着，守护着兰阳平原是如此的美丽、柔和、浪漫及宁静。

　　技鸭母船是旧时作为行驶浅水区运送民生物资与赶鸭的主要交通工具，由船家撑篙，由五股圳缓缓驶入冬山河旧河道。

　　平埔族噶玛兰人旧聚落流流社，位于宜兰五结乡季新村，位于冬山河下游南岸，与亲水公园隔河相望，是兰阳平原上残存的噶玛兰三十六旧社之一，也是保存最完整的一社，是噶玛兰族的遗址。

　　流流社的聚落早期噶玛兰人多傍水而居，或居于平原上凸起的高地，以农耕渔猎为主，过着乐天悠游的初民生活，"流流"二字由噶玛兰语音译，意思是地形细长或水流冲积之地，流流社址即位于冬山河南岸的高凸沙地上。

　　宜兰县五结乡流流社，有家别具特色的噶玛兰ㄟ古厝民宿，主人林天成利用漂流木一手搭建树屋套房，展现噶玛兰文史的艺术餐厅，有浪漫的景观套房，种满花草树木的花园；主人还贴心为外地游客安排噶玛兰1日游。五结乡季新村的流流社，是噶玛兰族的遗址，噶玛兰ㄟ古厝民宿主人林天成夫妇，就是噶玛兰族的后裔。

　　林天成全心参与噶玛兰文化振兴，透过文化与生活体验，让更多人了解噶玛兰族文化。他根据噶玛兰族早期的瞭望台，在家旁的红柿

地址：宜兰县五结乡季新村新店路140号
（冬山河亲水公园对岸）
国道五号罗东交流道下，直行左转五结乡中山路，直行亲河路，过冬山河亲水公，沿路标走到底，即可见「噶玛兰ㄟ古厝」。
网址：http://www.ctnet.com.tw/ilanhouse/

树、榕树上，以竹子搭建"树屋"。"好有趣，睡在树上的感觉特别不一样"，来体验的外国游客最多，树屋里的摆设很简单，这几年来的台风，树屋都没被吹坏。

民宿内还有难得一见的百年古井，迄今井水源源不绝，游客都可自己体验打水乐趣；入口处一株树龄约180岁的大叶山榄，更是噶玛兰族据点的地标。相传流流社内的这棵高大的橄榄树即为马偕牧师所植，树形高大，果可食用。

在广达1公顷的庭园里，林天成及儿子林圣裕以漂流木搭了艺术餐厅，也是噶玛兰文史展示室，墙上挂了噶玛兰源流介绍，还可享用噶玛兰风味餐，点杯咖啡，喝个悠闲下午茶。自然庭园里种植各种花草树木，民宿旁也有鱼池，游客可以体验划竹筏，还可以钓鱼。

除了树屋民宿，噶玛兰ㄟ古厝民宿还有复古套房，及全新设计的"浪漫满屋"套房，从房间及阳台就可以眺望附近的冬山河美景。

房价

树屋套房	2500NTW	2500NTW	2500NTW	2500NTW
浪漫满屋	3800NTW	3800NTW	4800NTW	4800NTW
古典二人房	2000NTW	2000NTW	2600NTW	2600NTW
复古四人套房	3500NTW	3500NTW	4200NTW	4200NTW
精致六人房	5200NTW	5200NTW	6500NTW	6500NTW

星级评价 ★★★★★

若轻新人文度假空间

Riverside Inn

想要离开城市去透透气，去感受田园风情里的明亮与透彻，我总会走进"若轻"，如同她的名字，一切的繁扰，在那样的情境与空间里，若·轻。

认识若轻的时候，它刚试卖，从滨海公路的小路穿进去，在一片农舍民宅中，她的简洁水泥外观，挺立在一片三合院、传统透天厝里，显得格外特殊，但是并不刺眼。她，安静地在这片宜兰农村景致里，安静地望着兰阳平原的水田、乡村小径，优雅而轻盈。

之后，只要我觉得心烦气躁、觉得压力重重，总是不自觉地跳上火车、坐到罗东火车站，然后，在若轻待一两晚，离开时，永远是一副神清气爽的轻松。

就外观而言，由灰白纯净的混凝土量体加上闽南式斜屋顶和后日式建筑语汇，以玻璃砖代替格窗，孟宗竹、凤凰树、绿草地展演……与穿透铺面水池，搭配简约横向扁铁栅栏、修长细窗的浴场，并以大块砌角石墙与兰阳溪石，包围着若轻人文宿的后花园。

"若轻"是建筑师陈冠华继"沙漠玫瑰"后的旅店作品，顶著名建筑师的光环，藏身在兰阳农村景致里的若轻一点也不招摇。如同她的名字，像徐徐的风轻轻吹抚旅人的心，将旅者满身的尘埃吹弹干净。若轻的美好，在于总有优雅的服务人员，浅浅地对来来去去的旅人微笑，不热络，但很真诚。

旅店的设计简单、干净，房间都是最基本的线条，直与横交织的空间，充满了遐想与轻盈的梦。尤其三楼有两间挑高的房间，特别设计成悬挂在半空中的床，要上床，得爬上一格一格的楼梯，床板嵌在墙壁上，床尾两侧则是用钢索与天花板相连。虽悬在半空中，但床板稳稳的不会晃动，有吊床的视觉效果，却没有吊床的晃动感。床的下方，则是两个简单的沙发，可以拼装成另一张床，也可以当作沙发躺卧发呆、看电视。

房间的色系是白色与米黄，明亮的空间还用大片的落地窗吸引兰阳地区难得的阳光，采光加上房间里丰富的照明效果，让人进入若轻的世界总是神清气爽，有时候，拉开窗帘、打开落地窗，在小阳台的椅子上坐着发呆就是一个下午，翻着一本有趣的书，不时看看包围这家旅店的兰阳田园景观，春耕、夏耘、秋收、冬藏都在眼前，没想到在那么有现代感的旅店

民宿 Info

地址：台湾宜兰县五结乡新店路113号
电话：（03）9602255 传真：（03）9508811
网址：http://www.riverside-inn.com.tw

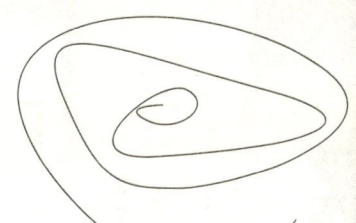

空间里，可以和兰阳的农耕时节如此贴近，土地的芬芳不时飘进这纯净的空间。

午后，懒得到外头晃晃，在旅店里一待就是一个下午。旅店的咖啡厅虽不供午晚餐，但吧台上总有新鲜的水果、现打的果汁，以及美味的甜点让人享用。常来咖啡厅坐坐的作家黄春明非常喜欢这种老式糕饼的滋味，老板娘一时兴起就在放饼的盘子旁放一个小牌子——春明饼。吃着传统甜饼、听着黄春明讲着一段又一段有趣的故事，在采光明亮的空间里，眼前的宜兰是再诗意也不过的风情。

旅馆的确没有提供午晚餐，但是并不代表在若轻不能吃大餐。电梯里招贴的小公告就让人会心一笑——"欢迎携带外食，咖啡吧提供餐盘刀叉"。所以，买个外带的菜肴回旅店，将所有的菜色装盘就是气氛极佳的餐点，再配上桌上的烛火，轻轻松松就可以搞浪漫。甚至，有几次，拎着红酒去若轻，配着宜兰的鸭赏、小菜，与友人就这样在咖啡厅细细聊到天光微亮。

旅人在若轻是随性且自由的，可以自己张罗想要的气氛、希冀的假期。户外的舞台，曾有音乐科系的学生度假时即兴表演过，咖啡厅的钢琴亦有不少旅人一时兴起在黑键与白键间按压动人的乐章。钢琴上的书籍则有文人雅士来此度假的纪录。在若轻，似乎注定要发生美好的事情。

这样的空间，适合两个人、适合可以一起感受光阴节奏的旅人，适合给彼此空间不试图捆绑对方的两个人。这样的空间，也适合一个人，尽情地享受难得的轻松、尽情与自己对话，没有质问的眼光、没有对单独旅行者的歧视。

若轻的主人，希望赋予这个纯朴乡村的环境一种质朴崭新的度假建筑理念，整个开窗充分享受自然光。散步在若轻空间里，偶尔几只白鹭鸶划过，全光透的阳光柔和地淡淡洒落在结构厚实的混凝土墙面，为整个大地营造出特有的宁静清爽氛围，以清心、淡淡的，没有乡愁，不宣扬，也有知音。很原味、极精致、纯清闲、翠视野、闹中取静，冬山河畔城市里的一股清澈。

房价

挽香双人房	3200NTW
波镜套房	3800NTW
清水四人房	5000NTW
晴雨楼（跃层）	5500NTW

星级评价 ★★★★

伊万里民宿

Imari B&B

　　伊万里是以"日本美食"为出发点,以提供可以住宿的餐厅为目标营业的民宿。

　　老板前田先生是地道的日本人,领有面包师傅的执照。老板娘是台湾人,本身也领有食物料里执照。民宿所提供的早餐、晚餐(二食),都是由他们视当日能取得的新鲜食材手工制作。在一群以海景为特色的民宿中,它非常吸引我!

它的位置在花莲市区，靠近花莲港。民宿外观充满日式风情，低调又有质感，只在门口简单挂上"伊万里"的招牌，周围没有热闹的商店，巷道间蛮安静的，可以让出去玩了一天疲惫的旅人好好休息。

伊万里本质上更像"民宿"，因为前田先生与夫人也在此栋民宿中生活。在民宿的时间可以跟老板们在共享客厅、吧台旁闲话家常。晚上还有老板体贴的门禁规定，真的跟一般商业化的民宿经营模式不同。像是拜访老友家一样，有一种温暖的感觉。

一踏进屋内就可以感受到浓浓的日本风。在客厅一角，有很多老板们生活的痕迹！刚入门的时候，老板就坐在沙发上跟老板娘聊天。跟老板领了钥匙之后就上楼放行李。听老板说钥匙上的地名，也就是房名，都是他在日本待过的地方。

我们的房间是"佐贺"，入门的右手边划分卧室及小客厅两个区块，房内的装潢布置简单雅致，而对两人住宿来说，空间大小算蛮足够！而小客厅是日式榻榻米，状态很干净又新！小茶几上摆放着主人用心准备的日本茶包，茶壶还很讲究，有滤茶的壶。除了窗外一般的市区风景有点不美之外，晚上坐在这里泡茶、看电视，还挺舒服的，是让人蛮愿意花时间停留的空间！

住在这有一种奇遇。从下午三四点开始，伊万里的一楼便一直飘散着香甜的

气味。我们坐在吧台前的位置，悠哉地喝着咖啡，前田先生则在吧台那一侧忙碌着。手中边搅拌着面团，边吩咐着一旁的助手该拿些什么东西，另外还要应付着我们好奇的提问，包括面粉、温度、搅拌手法、添加物，甚至是用具器材都不放过，还直嚷着也要买跟前田先生一样的蛋糕模。

很快地出炉的是六大颗吐司，一部分是我们隔天的早餐，一部分则是早被预订走的商品。金黄色的表皮，胖呼呼的模样，真想趁前田先生不注意，扒下一大口来尝尝。不过，那也只是想想而已。接下来，则开始忙着制作伯爵茶口味的戚风蛋糕。小心翼翼地守候在烤箱旁，判断着里头蛋糕的变化，在温度和时间上做微调。这过程，糅合着茶香的蛋糕甜味，不断飘散开来，更惹人垂涎。幸好，不必等到明天早上，在用过晚餐之后，我们便能尝到这声名远播的戚风蛋糕。

和主人交流的时光很愉快，差一些忘记了已到晚饭的时候。我们就预订了一份双人

民宿 Info

地址：花莲市忠义一街27号之4
电话：0932-893177　03-8236600
网址：http://www.imari.com.tw/

　寿喜烧与牛排定食。寿喜烧的前菜就这么丰富了，生鱼片很新鲜。生鱼片的温度非常好，比起一般餐馆吃到的会更接近室温。从淡色开始吃，这天吃到的鱼真的非常新鲜，油脂非常的甘甜。牛排套餐的前菜跟寿喜烧的差不多，只是摆盘不太一样，一样丰盛。定食都包含了小菜、茶碗蒸与味噌汤，算是蛮丰富的。

　在伊万里舒服的大床上醒来，迎接我们的虽不是太好的天气，但至少没有下雨。依照约定的时间，再度来到前一天享用晚餐的餐厅，餐桌上已经摆好了一人一份的丰盛餐点。另有一张桌子则摆放了冰、热豆浆、鲜奶和两款老板娘亲手做的果酱，供大伙儿自行拿取。老板娘手做的果酱抹在酥软的面包上，好吃极了。当然，其他的食物也都相当美味。用过这餐之后，也该是踏上归途的时候了。

房价

平日优惠价	每人3100NTW
每逢星期六	每人3600NTW
公共假日、连续假日	每人3600NTW
农历过年除夕至初五	每人4100NTW
初六至春节结束	每人3600NTW

■订房须知

・提供服务：一泊二食（含住宿一晚、当日晚餐、甜点咖啡及隔日早餐）

・每日全馆住宿限定13人内

・不接受临时的人数变动，若check in时，住房人数有变动，恕不招待

・不收七岁（含）以下幼童

星级评价　★★★★☆

艾德堡德国城堡民宿

Zum Adler Castle B&B

宜兰礁溪，温泉之乡，静静地在兰阳平原呈现一种浪漫温柔的形象。这几年吸引了很多民宿业者，引进不同类型异国风情的建筑，最近的一个童话故事中的梦幻城堡宛如尊贵高傲的老鹰矗立在青山环绕的礁溪山脚下，竟然是一位德国名厨和台湾夫妇经营的主题民宿。

民宿男主人年少在自家农场帮忙，平常除了与父亲、叔叔们学习工艺技巧外，更爱跟在和蔼的外祖母身边学习地道的家乡料理和甜点。十七岁那年，他随着全家人移民到加拿大，多年后认识了当时刚从加拿

大毕业的Grace。2001年随着台湾太太Grace来到台北，开了间地道的"德屋"德国餐厅。之后，因为他执着、努力及专业好手艺，使得他不断有机会在各媒体及电视节目展现好手艺，并于2007年荣获台北市政府举办之"世界七大名厨高峰会"。

但是台北处处大楼林立与车水马龙，反倒让他心情越来越狭窄。虽然餐厅成绩很不错，但是心中总是抱着遗憾，最后便收起餐厅，毅然决然来到宜兰，重新找回当初那种在家乡的心情，悠闲过着每一天。于是，老板找了设计师建造他所要的感觉，就在宜兰礁溪的郊区盖了一座餐厅民宿。2012年6月开始兴建，花了三年工夫才完成的艾德堡城堡民宿终于在2014年8月底呈现于世人眼前。当初为了实现德国男主人的坚持，忠实地将他祖国高难度、经典的德国城堡建筑引入宜兰，所以不论在构图、施工还是最后的装潢、室内设计，都让所有参与者都吃尽苦头。

闻过一抹绿意轻甜的稻香味，而后绕过山路，映入眼帘就是这栋城堡了。让人兴奋得想要加快脚步，迫不及待走进这红色尖塔城堡。在进入城堡门口就可以看见一些巧思，地板是黑白

色的钢琴琴键。石墙以及木色厚实大门，保持欧洲人对城堡设计概念。

艾德堡共有五间客房，取名来自德国著名人物或是家喻户晓的景物故事，目的就是为了将德国文化与民宿城堡相结合，房间分别为新天鹅堡、门德尔颂、紫罗兰、杜勒、歌德。另一间有尖塔彩绘的是301画家杜勒双人房，淡雅的粉色调、充满浪漫气息，空间上比起新天鹅堡又小了一些，没有额外的沙发区，比较适合小情侣或是小家庭入住。而门德尔颂最大的特色就是这专属户外大露台，可以坐在露台欣赏山林美景很不错。

位于三楼新天鹅堡蜜月双人套房，是我们当天入住的房型。虽说是双人房，可加床变成3~5人家庭房。最特别就是床顶上这部分，因为艾德堡圆顶柱形设计，为了不牺牲这部分的空间，特别在上头绘画德国非常知名的景点"新天鹅堡"，画风栩栩如生。房间的布置温馨简约，没有特别华丽的装潢。温暖的绿色墙面让人很舒服，躺在床上欣赏着高耸的天花板上美丽的画作也是一种享受。

谈到新天鹅堡，很多人都会把"浪漫"二字联想在一起，当然我也不例外。虽到不了世界上最美的童话城堡，但在这样的氛围下安枕，简单提供的卫浴用品跟点心，让旅客仿佛置身德国城堡中享受。

　　Bernhard Soffner不只做面包，冰淇淋更是一手包办。欧洲的冰淇淋好吃不在话下，相信去过欧洲的你都知道其美味。由于就他夫妻两个人，就要包办所有餐厅，以及所需要的人手事项，晚上又要准备招呼入住民宿的客人，林林总总的琐碎杂事，真的是非常的用心跟努力以及坚持。晚餐是艾德堡的重头戏（须自费，不含在住房费内）。对外开放：周五至周一，周二至周四仅提供住宿客人或团体预约（消费需满七千）。最新家庭组合套餐：房客可选择一人599元或是一人799的套餐。

　　每人平均599元主菜共享：德国猪脚、德国香肠、当日食材主菜。附餐（每人一套）包含手工低脂面包、汤、饮料、手工冰淇淋。每人平均799元（主菜共享：特制开胃菜、德国猪脚、德国香肠拼盘、海鲜或当日特制主菜）。附餐（每人一套）包含手工低脂面包、汤、饮料、手工冰淇淋及招牌蛋糕，菜单会依人数调整变化。

　　艾德堡的传统德式早餐，巧克力、蓝莓玛芬蛋糕和好吃手工低脂面包，加上特制德式炒蛋，味道蛮香。隔天的早餐真的是很丰盛，对于Bernhard Soffner早餐上的准备，让我跟小海道道都感受他的用心。德式马芬——口感绵密，配上蓝莓，好吃不在话下！　德国香肠——材料新鲜，只是用水煮方式去呈现，竟然浓郁味道在口中停留相当长时间，搭配他们独特的黄芥末酱，口感更是升级好吃。还配一大盘的水果盘，早餐丰盛可口得让我们饱到中午。

地址：宜兰县礁溪乡白鹅村柴围路78-5号
电话：0958-931708、0955-931708
网址：http://www.soffner.com.tw

房价：4500~13000NTW

星级评价 ★★★★☆

MiCarro B&B

米卡洛民宿

美好的旅行，就从让人忘却置身在台湾的民宿开始吧！

在熟悉宜兰的友人介绍下，来到这位于冬山与罗东交界的米卡洛民宿（MiCarro B&B）。初来乍到罗东，立刻就如同从台湾来到了欧洲的某个乡间小路似的，绿色稻浪在艳阳下闪耀着，远方亮眼的建筑物就似南欧乡下的小屋。

静谧、舒适、自然又与世无争的绿家园环境。民宿主人一直以来总想在一片喜爱的土地上以绿建筑的理念建立自己的家园。

一走进门就被这空间吸引，外表看似欧洲小屋风格，里头的装潢陈设有点欧味又有点美式复古。偌大的空间，挑高的屋顶，让人觉得没有压迫感。

先来介绍绿色的那一栋建筑，CHECK-IN的地方，也是吃早餐的地方，建筑是具有浓厚工业 lott 风的味道，挑高且宽敞开放的空间，以红砖墙搭配铁件来呈现，加上大面积的玻璃引进日光，让这个厨房明亮又舒适，挑高的空间毫无压迫感。

房间也有费心思的设计。打开白色的大门，里面还有一盏木门。脱鞋后进入房间，这房间的布置是我比较喜欢的乡村风，角落还有一个沙发区，布沙发搭配木桌，还有一盏立灯，也是个休憩的好角落。床头灯也匠心独具，用水管和刚硬的铁与灯泡做成的，造型简单又有型。

和Grace & 凯哥随聊，说是这里没有请设计师，完全是把自己想做的，和专业的木工、铁工、师傅慢慢讨论。做了再修，修了再做。凯哥自己参与了建造的过程，花了两年半的时间米卡洛民宿才完成。整间民宿还有许多特别的巧思。这里的灯具是老板利用废弃物做成的工业风的吊灯，还有"手术灯"。每一个角落都感觉得出来是花了许多心思去布置的，民宿主人只想把自己喜欢的和大家一起分享。

住宿是有含西式早餐的，和煦的阳光跟着我们用餐多赞啊！但是想聊天的我还是走进室内和民宿主人及其他住客一起用餐聊天。

对我来说，用心经营的民宿都是好民宿；没有好或不好，只有适不适合自己。每一个人的需求不同，有的人喜欢很美的民宿，但不喜与民宿主人有过多的互动；有的人想要一间提供超完善服务的民宿，吃喝玩乐一次到位，他只要住进去不用花脑筋。硬设备只要用心还有金钱就能做得好，但是真诚是无法装出来的。

人们常常说，去哪里玩真的不是那么重要，往往一段旅行让人留下印象的，是人。

不知大家是否也跟我想的一样？在米卡洛的短暂时光里，我获得了很多新奇的体验，虽然吃到美味的餐食也是重点，但是听着民宿主人们的故事，也和他们分享自己的生活，是开心的回忆，我很喜欢米卡洛民宿的"人"带给我的感觉。

地址：宜兰县冬山乡柯林村境安一路156巷51号
网址：http://micarro.tw/
E-mail: micarrotw@gmail.com

房价

房型	平日价	假日价
双人套房（一双人床/Double room）	平日价：2800 NTW	假日价：3600 NTW
双床套房（两单人床/Twin room）	平日价：2600 NTW	假日价：3200 NTW
三人套房（一双人床+一单人床/Triple room）	平日价：3600 NTW	假日价：4600 NTW
家庭四人套房（两间双人套房组成的家庭房）	平日价：4800 NTW	假日价：5800 NTW

星级评价 ★★★★☆

怡然居摄影风格民宿

Errantry Lodge

旅馆是让每一个旅人短时间安身立命之驿站。透过几天的停留,旅人便感受到不同的人文和历史,从而产生共鸣,诱发联想,收获到出一些感悟和有趣的经历。

在行旅中,令旅人印象深刻的饭店,总是呈现出独特的态度,让入住的民宿成为无可取代的美学体验,旅人在此得以最放松的姿态,享受在行旅中安身立命的自在。

一家民宿之所以成功,主人很重要,就像一家公司能否茁壮,取决于老板。

怡然居坐落于花莲市碧云庄小区里,是

家外观乍看之下以为是一般别墅的民宿,我第一眼看到时,心里有些诧异,在这种没有观光景点的地方开民宿,老板到底打的是什么主意?

直到走入民宿大厅,跟主人简琴南大哥认识,参观过怡然居之后,始能了解为什么这家民宿选择住宅区开设的用意。外观看似双并透天别墅的怡然居,其实内部别有洞天。每个房间都有着不同的风格呈现,无论是选用的建材、空间、装潢等等都看得出民宿主人简大哥的用心。

就像家。像自己的家。

怡然居的房间不多,每间都有独特主题,重点是,空间都够大!

有些民宿房间虽然装潢得相当漂亮,一进房门却稍有压迫感,美丽装饰与空间格局形成一种抵触,这种情况在怡然居则感觉不到。这晚我投宿在日式房,由于是和萧、小亚三人一起投宿,除了房间原有的一张双人大床,简大哥另外准备一床

单人床垫，但即使是三个人，日式房依然大得教人心情完全放松，跟之前的民宿住宿经验相比，怡然居实在赢了！我以为，出来旅游的住宿问题，图的就是一个舒适，如果没有舒适的休息空间，住宿简直没有质量可言。

我们入住的希腊双人房，房间展示的相片是台北市摄影学会刘燕南老师的希腊作品。大部分的房间都有一些与房型主题相互对应的大师级摄影作品，让游客住在这里就像是欣赏小型的摄影展一般。

除了休息空间又大又舒服，怡然居最特别的卖点还在于提供所谓的摄影服务。

原先，我对这项民宿提供的特别服务有点不明所以然，既然是来投宿，拍照是要做什么？会有多少人为了体验简大哥特

地提供的这项免费服务而来住宿呢？原来，事情果真不是憨人所想的那样，我虽喜欢拍照却不喜欢被拍，所以对于这项特色摄影服务就没有兴趣，可是，同行的萧和小亚皆兴致盎然，而且，简大哥的摄影技术真棒，拍出来的效果一看就知道是专业的。怡然居的莲花与庭园造景，本身就是相当适合拍照的好地方。

民宿有提供早餐，分为西式与中式。我们点的是中式早餐，芋仔地瓜稀饭以及小菜好吃又舒服。

在这里感受到的就是慢活与悠闲的怡然。不只是民宿，还是一趟艺术人文的摄影之旅！

忙碌的都市生活就该安排一趟慢活之旅，如同怡然居绘本房里的主角，走入一整片美丽的桃花源，亲近自然、享受悠闲，不知不觉被摄影师的镜头捕捉到最初的纯真与感动。

房价

Japanese（日式双人房）	3500NTW
Greek（希腊双人房）	3200NTW
Aborigine（原住民房）	2800NTW
Cartoon（绘本房）	3000NTW
Bali（峇厘岛）	3500NTW

星级评价 ★★★★★

Cliff House 崖上民宿

很多人以为，这样的启发，必然要壮游。但事实上，在台湾、在自己成长的土地上，我获得的感动，总是比到其他任何一个国家和地区还多。那些藏在小城镇里静静流动的美景、默默耕耘的人，总会不经意出现。那些美景很单纯，也许只是一池水、一座山，却能让人驻足不离；那些人做的事情很简单，也许只是不眠不休地照料一株茶树、小心

翼翼地舀一碗冰,或是专心编织一丛稻草,看到他们额间滴下的汗,也总是让人动容。

　　台湾的温度,始终是暖的。

　　台湾的后山——花莲和台东,一直有令人着迷的好山好水景致。除了是全台旅游胜地之外,其拥有独特的慢活步调,也因此让很多人来花莲定居,当然甚至是筑梦的地方。于花莲东海岸的崖上民宿,依傍海岸山脉而建,环境宜人自在。很多住客特别喜欢在清晨起床,欣赏蔚蓝海上的旭日缓缓升起,那份金黄色的感动,刻画出旅人的最美的回忆。

　　崖上民宿的主人是一对纯朴敦厚的夫妇,原在台北开设铁工厂,在偶然的机

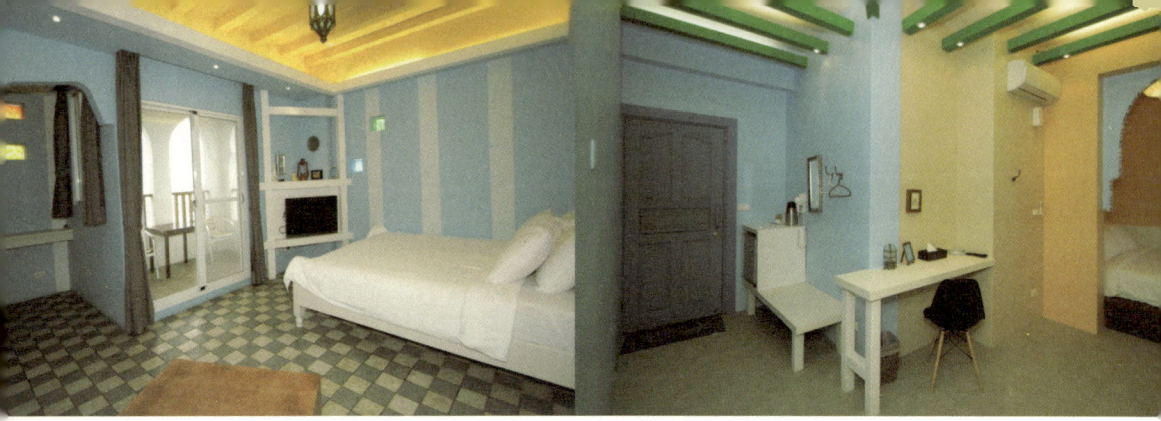

缘中，买下了花莲丰滨海岸边的土地，从此在花莲落地生根，并开起民宿圆梦。为了让紧贴海边兴建的民宿根基稳固，夫妻俩花了三年时间才在杂草丛中完成。这栋有钟塔、风车和白墙蓝窗等希腊地中海建筑元素的美丽民宿，不仅是民宿主人的梦想，也是旅人听涛、亲海的家。

其实，以地中海风格为卖点的民宿或餐厅真的不少，但不是每家都像崖上这样，每一个房间都可以直接看海、听海和观日。民宿外的草地上，也贴心地摆设了木桌椅让客人可以亲近海洋！而民宿的背后可以远眺雄伟的中央山脉以及乡村景象，让您真实体验淳朴的大自然风情——没有都市的繁华，拥有最新鲜的空气质量。

这片小小的有机菜园，可是住客最奢侈的晚餐菜肴，只因不论到花莲或台东路途均远，菜圃供应最新鲜的时蔬。入住崖上，或许没有大鱼大肉，有的是民宿菜园里的自栽蔬菜，早餐面包则是民宿女儿手工制作，这可是台湾民宿少见的乡村风味。

 民宿Info

地址：花莲县丰滨乡新社村211号
电话：03-871-1222
网址：www.cliffhouse.tw

房价

双人房 2600-3000NTW起

四人房 5000NTW起

服务及设施：房间无线网络，住宿费用皆包含下午茶（崖上烘焙制作）/典雅的浪漫晚餐/精致丰盛的早餐，有私人沙滩

花现民宿

Discovery Homestay

  初到陌生地方旅行，最大的乐趣便是去感受自己对这块土地的想象与现实景致之间到底有多大的差异。这种感知当然不是刻意为之的，而是在不经意中自然而然的那种感悟。不过，我也常常提醒自己，对于想象与实地间的差异，若感觉不出什么趣事，或与激情的期待相左，或失望至极的话，那也就得不偿失了。

　　宽敞的住宿空间，暂时远离城市的繁嚣与拥挤的都市密闭的建筑空间。即使是一处原始的小农村，单纯不过地在田园中骑着单车迎风驰骋，嗅闻农村无污染的空气与好久没闻到的田园草香，看见蝴蝶飞舞，山岚、云瀑，走入乡镇巷弄中，吃地道传统的小吃美食，也许这些便是住在田园郊外中的民宿的期盼。

　　在花莲吉安，幸福就在我眼前。除了一些知名的民宿外，陆陆续续也多了很多新面孔的民宿，这次轻旅行住的民宿是新开张不久的花现Discovery民宿。

　　民宿的风格走的是巴里岛热带风情，简约雅致的庭园设计，搭配前院与侧边的池塘以及树木盆栽，这真的是个适合全家老少或是亲朋好友一起来享受专属于自己空间度假的地方。

　　视野宽广，后面除了有青翠的靠山之外，四周几乎都被稻田与芋头田所包围，加上清澈的溪水与步道，合家在这边度假，享受田园散步，脚踏车追风，夜晚宁静，美丽星空，还有蛙鸣与虫叫声。

　　民宿准备了脚踏车给来客免费使用，可以尽情享受探险的乐趣。听说从花现Discovery民宿沿着亲山线自行车步道可以一直骑到鲤鱼潭，大概需耗时40~60分钟，沿着亲山线自行车步道一路寻访，建议可以花个半天到一天的时间深度旅游一下，一定会有惊喜的发现，进入了大自然深呼吸的感觉。

　　一来到民宿大门，就被这栋简约的建筑物吸引了。藏身在一片绿意中，门前还有一片草地与小水池，感觉就像来到朋友家似的自然舒适。另外，偌大的庭园，很适合傍晚时分在这里乘凉聊天。民宿的客厅，一样采用自然光法，在屋内一样可以享受大自然的绿意。

　　三楼的四人房浴室要特别介绍一下。因为这房间自然的采光不但光线好，视野也很棒。在浴缸泡澡还可以欣赏屋外的绿意，让人放松。再仔细看一下，这浴室的屋顶是透明的玻璃。试想一下，晚上熄灯在这里泡澡，可以看到天空中的星星，感觉很浪漫。

　　民宿除了提供五个房间（双人单床房x3，家庭双床房x2）之外，也贴心地提供了厨房设备可以给妈咪们自己料理食材，包括有冰箱、烤箱、微波炉、瓦斯炉、锅碗瓢盆等。另外，比如茶具、视听设备、无线网络等等该有的设备也都相当齐备。

　　整体来说，花现Discovery民宿服务很亲切，让人有种回家的感觉。民宿还有免费提供自行车，可以畅游吉安的田野风光。离花莲市区，车程约莫15分钟，到鲤鱼潭、庆修院、枫林步道也都不远，有兴趣的朋友来花莲游玩，可以考虑住这里！

地址：吉安乡南华村山下路8-1号
电话：0963-719-809
网址：f16552002@gmail.com

房价

	平日（周日至周四）暑假7-8月	假日（周五/周六）暑假7-8月	连续假日（农历春节）
双人房（旭日）	2200NTW 暑假 2500NTW	2700NTW 暑假 3200NTW	4500NTW
双人房（朝阳）	2200NTW 暑假 2500NTW	2700NTW 暑假 3200NTW	4500NTW
双人房（忘忧）	2200NTW 暑假 2500NTW	2700NTW 暑假 3200 NTW	4500NTW
四人房（欢乐）	3000NTW 暑假 3500NTW	3500NTW 暑假 4000NTW	5000NTW
四人房（合乐）	3000NTW 暑假 3500NTW	3500NTW 暑假 4000NTW	5000NTW
包栋	12000NTW 暑假 14000NTW	14500NTW 暑假 17000NTW	23000NTW

星级评价 ★★★★★

樱悦景观度假别墅

Villa Home

宜兰是文学之乡，旅游作家舒国治更相信它是文学家心底一径萦绕的乡愁，因为此地多雨、多山，多绿意也多田亩，美丽的自然风光，至今滋养着许多文学创作的根茎。各个时代的作家们，皆用自己的方式，书写着宜兰的人与事、情与景。为了找寻写作的灵感，我也在宜兰住上了几天，吸收这块土地的人文气息。

那一次，我坐台湾友人的车上，从台北出发，不到两小时，沿着松罗往玉兰茶园路上弯弯曲曲的直攻山头，发现山上四周一片茶园及茶香味。一个巧合让我们有机会入住到这里，所以就在没有心理准备下一步步慢慢认识这个民宿，樱悦原来是《那一年的幸福时光》场景之一，是剧中蔡振南的家，蔡家在剧中是种茶人家，也适应时代朝流转型兼做民宿，这和樱悦的背景相同。

很简单朴实的建筑三层楼房，庭园外就可以欣赏到四周美景的茶园，只可惜当天毛毛细雨未能在庭院外多逗留。室内的吧台及柜台处摆满了各式的书籍，还有老板的茶叶可供品茗。

简单参观完民宿周遭的环境后，老板带我们去今天要入住的顶级villa 希腊风情。

樱悦只有这家villa希腊风情是独立在民宿后方。仿佛是一小条绿色隧道，沿着可爱的小径与门口的小池塘来到我们期待已久的房间，映入眼帘的除了专属的庭

page 47

　　院花园，还有一座白色的玻璃屋，才刚走进去我就惊呼了，这片景色也太美了吧。

　　最特别的是还有一个超大浴池与休闲椅。可以想象一下在这么特别的环境下泡澡是怎样的感觉？更难得是躺在床上就能欣赏到茶园美景！

　　后来老板还带我们参观另一间也很受欢迎的房型——山中峇里岛。山中峇里岛有独立的庭院、小步道与露天泡澡池，环境也很清幽，这里也有山林景色，不过视野上还是希腊风情略胜一筹。

　　一个令人喜欢的民宿除了硬件本身需要绝对优秀之外，我觉得主人往往也是好坏的关键。很幸运，每回旅行选择的民宿都碰上相当亲善的主人。接洽时就被老板的热情亲切所感动，来到这更发现每个在樱悦景观度假民宿工作的员工都很可爱和友善。

民宿 Info

地址：宜兰县大同乡松罗村玉兰75号（玉兰茶园观景台旁）
电话：（03）980-2002、0912-589883、FAX：（03）980-2113
网址：http://www.villa-home.com.tw
Email：villa.tea@gmail.com

房价

房型	平日	假日	标准入住人数
● 山中峇里岛风情	平日：3600 NTW	假日：4400 NTW	标准入住人数：2人
● 王子与公主	平日：3000 NTW	假日：3600 NTW	标准入住人数：2人
● 希腊风情	平日：4600 NTW	假日：5600 NTW	标准入住人数：2人
● 星夜之恋	平日：3800 NTW	假日：4800 NTW	标准入住人数：4人
● 普普风情	平日：4800 NTW	假日：5800 NTW	标准入住人数：6人

星级评价 ★★★★

山下的厝温泉民宿

Bed & Breakfast

花莲主要有瑞穗、红叶、安通三大温泉区。瑞穗的温泉路上一路有很多的温泉民宿,这家山下的厝温泉民宿,位于瑞穗乡西边瑞祥村落里,有着丰富的温泉泉脉。瑞穗温泉是含铁质的碳酸盐泉,富含矿物质。温泉水当地底下本来是无色无味,但是温泉水在涌出地面接触到空气之后,水中的铁质氧化,温泉水就变成黄色的,所以瑞穗温泉又被称作"黄金汤泉",而且据传常泡瑞穗温泉的妇女生男孩的几率极高,所以还有"生男之泉"的称号。

民宿 Info

地址：花莲县瑞穗乡温泉路三段137号
电话：03-8870203
网址：http:// house.netete.com/
bnb/bulao.htm

进入民宿大门，走入小小庭园后方的老房子，外观像已70多年楼龄，里面是装潢得非常温馨、现代化的接待处，一旁则是用早餐的厨房与餐厅。从民宿的外观看不太出来，走进去之后才发现里面别有洞天，不但占地很广，而且另外还有三四栋建筑，民宿提供的房间有桧木两人套房（房内没有汤屋）、汤屋两人套房（房内有汤屋）、日式/欧式四人套房和大通铺几种房型，就散落在其中两栋建筑里。

露天的温泉池有一大两小一共三池，开放时间是晚上6点到10点半。民宿每天都会把温泉水漏光，仔细地洗刷温泉池，然后晚上才再注入干净的温泉水，天气好的晚上，在户外泡汤边看星星应该是一种享受。户外温泉池的旁边就是公用的个人汤屋，一共有三间，因为这里的温泉有丰富的铁和矿物质，所以除了温泉会带点糊糊的黄色之外，泡汤池也会有一些黄色沉淀。但这是正常的，他们应该是有认真在维持和整理汤屋、汤池的清洁，让房客可以安心地泡汤。

水质中因富含多种矿物质，经年累积成体，便形成稀有的温泉天然瑰宝——温泉结晶，因晶体白透形似花瓣，均匀散布池中随水波荡漾而摆动，如瓣叶飞舞风中，故又有"温泉花"之美名。温泉花仅现迹于泉质精纯、不受污染的环境之中，若有机会在温泉池中见到它别再误会它是脏垢皮屑，温泉花可是难能可遇的朋友！

山下的厝有提供早餐，三文治和热红茶，两片多士对半切夹了三层的三文治，里面夹的料又多又健康，除了有火腿、西红柿、生菜之外，还夹了葱蛋和地瓜，感觉简简单单却充满营养又有饱足感。

另外，民宿还提供免费单车借用，瑞穗乡有几条规划得蛮完善的自行车道，一条是从瑞穗火车站往北延伸到富源，沿途除了可以欣赏纵谷景色还会穿越几个原住民部落的瑞北自行车道；另一条则是以瑞穗温泉路为中心成环状，沿途均是田园景色、平坦无陡坡，适合全家游玩！到了7月和8月，还可参加泛舟水上活动！

房价

房型	平日	假日
汤屋二人套房	2500 NTW	2500 NTW
桧木二人套房	1500 NTW	1800 NTW
日/欧式人套房	2000 NTW	2400 NTW
大通铺	2400 NTW	3000 NTW

交通

1. 客运

由花莲搭台汽客运至瑞穗下车，再转搭花莲客运至瑞穗温泉站下车即可到达瑞穗温泉。

2. 火车

搭乘火车至瑞穗火车站，再转搭花莲往富里的花莲客运至瑞穗下车即可到达瑞穗温泉

温泉特色

温度大约为48℃左右，泉水是由地下流出，泉质则是属于碳酸泉，是全省唯一的碳酸盐泉。瑞穗温泉因含丰富的铁、钡等矿质，水质呈现锈黄或锈红色，可浴但不可饮。

温泉效果

称作"黄金汤泉"，而且据传常泡瑞穗温泉的妇女生男孩的几率极高，所以还有"生男之泉"的称号。

星级评价 ★★★

Bed & Breakfast

来看大海

每一次的旅游，或许都有不同的目的。住宿在什么地方，当然主要是根据自己的旅游目的来选择，但无论高级旅馆也好、民宿也好，一般人总是希望硬件的设施与软件的服务质量能够与支付的房钱有相对等甚至超值的感觉。这样听起来，似乎大家总是习惯以可量化的条件作为选择的依据。假若有一家旅馆，虽然在设备与周边服务上并不是特别出色，但却拥有无可匹敌的个性魅力，相信还是会吸引许多有兴趣的旅客入住才是。我猜想，"来看大海"民宿中海景相伴的下午茶意大利料理便是吸引我的一个卖点。一起来体验一下海景pasta的魅力吧！

去年夏天，艳阳高照的某天，想到都兰寻找美食，但怎么找就是没见到来看大海。问了都兰当地居民，他们也说不清楚，但好像有听过。结果，回台东的路上才发现！如果你特别喜欢夏天、喜欢闻着海洋的味道入眠，或许会爱上坐落在新兰渔港前的来看大海，民宿外观看来虽是朴实平房，但每间客房都有主人海哥的巧思，像是一馆的两间海景房，特别彩绘了活泼又不失浪漫的图样；而三馆更以甜点为主题，把客房墙面变成甜甜圈、马卡龙等涂鸦。即使是不面海的房间，走出房外即是新兰渔港的海堤

page 53

步道，可坐在海堤上吹着海风，也可走下木栈道在浅滩处踏踏海水。若觉得不过瘾，也可请民宿主人代为安排行程，无论是动态、静态或美食之旅，海哥提供的一处有人情温度的民宿，让游客入住之余，也能听听当地故事，深度游玩台东。

民宿Info

地址：台东县东河乡都兰村那界5号之2（新兰渔港前）

电话：089-530-363、0952-780-986

网址：http://dahi.etaitung.tw/

　　来看大海只有5个房间，2间四人房，3间双人房。双人房唯一有景的就是爱恋玛德莲。其余两间是位于一楼的雅房，房里没有电视与卫浴设备，房价也相对便宜，应该很适合背包客吧！房间也非常干净也有冷气，墙上画了背着包包的熊叔叔，十分有趣。那一次我们住在"波西米亚流浪者"内，因为我们都是那种追风旅人，房间很宽阔加上绿色系的彩绘，一踏进来感觉就很舒服，小柜子上还摆了一台旧式电话，梳妆台上放了两本涂鸦簿，让过路的旅客可以写下到台东旅行的心情。看着之前旅客所留下的文字与插画，体会台东浓厚的人情味！客厅外有一大台烤肉架，是提供给住宿客人使用的。旁边就是东河村的新兰港，虽然只是个迷你小渔港，但能享受到脱俗的宁静，堤边的红灯塔格外醒目。房间外有一大片阳台，站在高处吹着海风，闻到空气中海的味道。因老板娘在高雄任教有关餐饮的课程，早餐都是她亲手制作，很注重营养均衡，柚子面包很松软，有淡淡的柚子香气。那天，老板特地去买卑南包子为我们加菜。卑南包子比东河包子来得大，感觉内馅也比较多，很鲜味。虽然是民宿，他们也有一间餐厅提供特色意大利面，正餐的部分，以意大利面、炖饭、烤类为主，另有鸡块、松饼、各种饮品，下午茶也有套餐组合，含松饼一份、炸物一份和两杯饮品。离开前，我们点了套餐。面包烤得很脆，但仍保有水分，不干。汤品是意式西红柿蔬菜汤，微酸口感，颇开胃，淡淡天然香料，奶油酱汁顺口不腻，但熏鸡肉口感微干。这里的优点是无最低消费限制。

房价

暑假：双人房	周日至周四1500～2800NTW	周五、周六及假日1800～3000NTW
四人房	周日至周四2000～4200NTW	周五、周六及假日2500～4500NTW，附早餐

营业时间：每日早餐8:00～10:00，午餐11:30～14:00，下午茶14:30～17:00，晚餐17:30～20:00。

店休日：无

"在回到家乡生活的前半年，每当我忙碌完，静下来时，我的眼光被拉到城市的上空，看见城市的庸碌，我心想，这是我要的生活吗？"

——魏老板

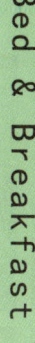

Bed & Breakfast

庄稼熟了

　　从台北搭火车，四个多小时就到达台东县池上乡，差不多就是补觉一下再加上翻几页书的时刻。一出火车站，转进朋友的民宿，有大山与稻浪的田园假期就此展开。过去经过池上，总是个过客，匆匆买米吃便当就走，因为认识了几个朋友，赫然发现小镇的天地真是壮观，令人感动。

　　因为伯朗大道、金城武树而成为观光热点的池上，对许多人来说并不陌生。然而，除了这些关键词，我们对这个乡村还有多少了解？

　　春耕、夏耘、秋收、冬藏，米乡的四季流转不同风情。遍野稻田，恰如花东纵谷最耀眼的一颗绿宝石，吹动稻浪的风，仿佛诉说着期待丰收的絮语。农人们时而专注地处理农事，时而用欣慰神情凝视着一天天长大的秧苗；"庄稼熟了"民宿主人魏文轩，也是这群身影的其中之一。

　　面对着伯朗大道的庄稼熟了民宿，是主人将自家农舍翻修改造的作品，从爬满藤蔓的外观，到摆放农具、古董家具的室内空间，都洋溢着乡村风情，仅有的五间客房，无论是小巧可爱的两人房，到可容纳大家族的八人房，每间都散发着木头的香气。旅人，试想想，在宁静的客房里睡个好觉，第二天起个大早，正好迎接池上的日出，绵延稻田的尽头，是半掩在云雾里的青山，光为了这壮丽的美景，就算特别住上一晚也值得。

　　29岁那年，魏文轩放下台中的事业，回到池上老家种田，他捡拾漂流木等素材改建阿嬷四十多年的老平房，原想作为工作室，后来却仍习惯住在自己出生长大的老家。朋友见平房闲置可惜，建议他经营民宿，让游客能更亲近当地风情。

　　即使四年来民宿已建立不错的口碑，魏文轩仍坚持："种田，才是最重要的事。"

　　返乡迈入第11年的他，有感于游客往往只是吃个池上便当就走，"连米怎么来的都不知道"，便开始推动农事体验，邀请游客一起弯腰感受农夫的

劳动。魏文轩强调:"流过汗,吃的饭才有米香味。"下工后,女主人素青的弟弟阿洋会端出他精心特制的下午茶,坐在田边享用手冲咖啡、有机米做的米酪,不亦快哉!

邻近池上火车站的"锄禾日好"民宿,是庄稼熟了主人去年最新的作品,民宿位于中山路大街上,走的却是背包客栈的风格,同样以老房子整修,除了两间套房之外,其余的雅房都采用上下铺的格局,住起来令人勾起求学时住校的回忆。虽然走的是背包客风格,简约设计风格的客房也都采光明亮,睡起来舒服极了。

背包客可以在锄禾日好的一楼公共空间交流旅途中的情报与见闻。位于一楼的公共空间有桌子和Wi-Fi,提供给旅人休憩的小窝,擅长制作米贝果的管家还在这小小的空间开了家"Bike De Koffie",卖起咖啡和手工果酱米贝果,就算不掏钱赏光,管家也很乐意分享池上好吃好玩的信息,作客台东一路流浪到池上,和来自天涯海角的朋友相聚一堂,甚至共享上下铺,都算是缘分吧!

我们大多数人都在思考着,我们要去获取什么、成为什么,在社会竞争中,争个你死我活,努力往上爬,努力表现,努力成功,但,当有一天,退休了,该离开舞台了,浓浓的失落感随之而来,在这天前,我们都是怎样的活着?旅行,最大的收获莫过于对生活态度的改变,有了新的视野,检视自己的生活,有了不一样的心情。

旅行,寻找生活喘息的空间,这一夜,沉睡在山脉之间,美丽的肥沃土地,晚风与满天星斗,田野与星星,陪着蜗牛在夜色里散步,深呼吸,呼出体内的沉重,换入大地清新的气息。也许,这才是生活中最简单、最需要的东西。

旅人,跟着盛开绽放,在这慢游骑着单车,感觉人与土地是如此亲近,放眼望去，有山、田交错美景，有农村老故事与浓厚的古早味，这就是池上乡。观光客不全是来寻觅广告故事的脚印，也有很多都市人在这唤醒尘封心中许久童时回忆。

这趟池上慢活之旅，品尝的是生活曾丢失的滋味，留下的是沉睡很久幸福的回忆。

Info

地址：台东县池上乡万安村1邻1-2号
电话：0933512263
Email：wei6651@yahoo.com.tw
网址：http://wei6651.myweb.hinet.net/

房价

房型	平日	假日	标准入住人数
冬藏两人房	平日：1600 NTW	假日：2000 NTW	标准入住人数：2人
秋收两人房	平日：1600 NTW	假日：2000 NTW	标准入住人数：2人
春耕-4人入住	平日：3200 NTW	假日：4000 NTW	标准入住人数：4人
夏耘-4人入住	平日：3200 NTW	假日：4000 NTW	标准入住人数：4人
春耕-6人入住	平日：4800 NTW	假日：6000 NTW	标准入住人数：6人
夏耘-6人入住	平日：4800 NTW	假日：6000 NTW	标准入住人数：6人
丰收房（8-10人）	平日：6400 NTW	假日：8000 NTW	标准入住人数：8人

进房时间：15:00以后
退房时间：11:00以前

民宿设施

无线网络、电视、电冰箱、厨房、茶具、庭园、停车场

民宿服务

火车站接送、代购当地土产、代客宅配服务、门票优惠券、套装行程、代租汽机车、免费下午茶、付费餐点

订房信息

住宿须事先预约，并请于三日内完成订金汇款，再将收据回传，以便为您保留房间，谢谢。
订金金额：住宿费用之50％，特定假期间之租金费用请全额汇款，谢谢。

星级评价 ★★★★☆

有人在家

Bed & Breakfast

在台东流浪了一整天,看山、看海,看台东人如何惬意地过着生活,日落时分,远方的地平线渐渐转为橘红色,带着疲惫却洒有淡淡金粉的心情,沿着南回公路往前行,远离了繁华的台东市,在卑南乡一条小巷的柏油坡上,一盏灯点亮了黑夜与旅人的心,打扰了,有人在家吗?

拉着简便的行李,脱鞋后推开白色木砂门,木地板的和式风格,格状木头柜子摆着满满的书籍及CD,墙壁上贴满来自各地的明信片、照片还有艺术手绘与流言,人们坐在一旁的起居空间各自活动,每个擦肩交错着些许温度,有人盘腿读着绘本,有人在另一旁的长书桌上写东西、打计算机,虽然彼此是陌生人却有种自在的熟悉感,微黄的灯光与低吟的音乐，虎斑猫小三就坐在门口边的藤椅花布上舒适地眯着眼，温暖氛围自在流转，让人好像真的回到了家。

　　亲切的女主人小官对你微笑招呼，男主人山猪则在一旁泡着茶、大声寒暄。卸下行李稍微整理后，你换上简单舒适的衣服来到客厅与大伙聊天，彼此亲切问候，大家似乎都有一种难以形容的默契与初衷，话题随性自在，轻松愉悦。你好奇地望着一旁的玻璃罐，装满了种子和一些昆虫标本，山猪大哥马上热切地与你介绍生态的奇妙，大白猫初五突然跑来你的脚边撒娇，在你盘的腿上打盹，可爱的模样让人舍不得叫醒。初到的晚上，便收获了好多美好故事。

　　旅人借宿的房间就在主人睡的和室两边，家庭式的分享空间，倒挂着两三把吉他，让人有种莫名的安全感和喜欢。推开白色木板门，木地板上铺着简单的卧铺，淡淡的手作感，窝在毯子里，香香的被毯意外地十分暖和，一盏灯、一个小书桌还有几本书，就能喂饱今夜剩下的时光。十点过后，民宿里已如外头的卑南乡村一样静谧，大家都安安静静地各据一方，咀嚼着自己书本里的文字，享受当下的时空，尊重并跟着当地的步调生活，是耳里与心底难得的清心，也是一种难得的美好。

　　房间里有之前打工换宿的小帮手留下来的插画，有来自世界各地旅人的明信片，那是一种真实的搜藏，看着那些文字，感受他们与小官、山猪之间的相遇感动，那些远道而来的祝福，仿佛也在与你交流。住进这样一个充满感谢的空间，人也自然地产生了熟悉的连结，不自觉地更加喜欢这个地方。

　　在简便的浴室冲个澡，全身暖乎乎地躺进贴心准备的被窝里，舒适蜷缩。这是个安静无梦的甜美夜晚，那种到人家里来又被安暖照顾的感觉，是会带着微笑入眠的幸福。

　　早安！风和日丽好心情！

　　阳光轻轻透过窗帘洒进室内，揉了揉惺忪的睡眼，伸了个懒腰梳洗，客厅与厨房里都有早起人们走动的朝气，通透的空间感带出简单的生活动线，轻快的音乐已经开始播放，这才是人生活的真实所在啊。推开纱门，走出庭院，台东的冬日也时常有热情的阳光，看着微风飘起的花纹床单，在太阳下晒出了暖烘烘的味道，也晒出了早晨的好心情。随着小官推荐的路线在附近散步寻找好吃的早餐店，沿着下坡路电线杆一排往下看，是小片的蓝海粼光，美好的一天，就从这里开始。

　　庭园边还有个反核小舞台，由被丢弃的复古窗框经过回收所拼成，上演着一些不插电的音乐演出或小剧场，后头是小书屋，有时会举办二手市集。午后，大伙像家人一样亲昵地坐在小舞台上谈天，交换旅行的故事、日常的风景，笑声与快乐伴随在蓝天白云下，消磨的时间都变成旅行里难忘的回忆，不疾不徐地，好想随时能再回来，像个总不忘记拜访的好友家，用真心陪伴来为彼此人生旅程留下无数美好时光。

地址：台东县卑南乡利嘉村利民路99巷11号
电话：0919-527235
Email: akaka0126@yahoo.com.tw

有人在家吗？请你放心，这里，亲切善良的小官与山猪及可爱小帮手们永远会在小坡上的人家，点着一盏灯，铺好一床刚洗净的香气棉被，待你来到时，轻轻卸下你所有压力，与你分享他们温馨的简单生活。

二十年前的台东民宿交流协会，是山猪与民宿第一次接触，那时家里常接待来东部做生态研究的朋友借宿，纯粹想把多余的家庭空间分享，后来朋友们主动提出长期借住不太好意思，不如改开民宿。

原就喜欢与人接触的山猪与小官觉得这主意不错，便开始着手打造，不过仍坚持着初衷，与客人同住、一起生活，把旅人当做家人般亲切照顾。花了一年半彻底整修，其间还抓到了十几条蛇，他们乐在其中，打造过程不假他人之手，与打工换宿的小管家们一起努力，让有人在家处处充满人味的温度，其中一年小官生日，山猪还送她一个裁木机，虽然不是浪漫的象征，却是彼此了解过后最贴心的礼物。

就像客厅玻璃罐里搜集的各式种子和果实，都有着自己独特的生命样貌，山猪与小官用自己的方式，浇灌对家的想望，或许并不完美，却处处充满了人情与温度，填补你心中最需要温暖的那格心房。

房价

住左边 两人房	写字桌、一张双人床垫、可加2床	不分平假日 1800 NTW
住右边 两人房	写字桌、一张双人床垫、可加2床	不分平假日 1800 NTW
住旁边 两人房	写字桌、一张双人床	不分平假日 1600 NTW
一个人的旅行房 一人房	雅房、写字桌、一张单人卧铺、可加1床	不分平假日 800 NTW

星级评价 ★★★

布洛湾山月邨

Leader Village Taroko

有时候旅行，不为远走他方，要的只是拥有一片安静的风景，不再过问纷扰，只求全然的放松，缓慢的苏醒。在太鲁阁国家公园里，有一片翠绿的山月村，宛如遗世独立的小村落，在群山环绕的幽静山谷里，真有点像英国作家 Peter Mayle梅尔一书《山居岁中》里，寻找宁静致远的境地。

从太鲁阁口蜿蜒了八公里，爬升到布洛湾河阶台地。布洛湾（BRUWAN）南依塔山，北临立雾溪，映入眼帘的是四面环山的空幽。布洛湾就是"回音"的意

思，原先是太鲁阁族的部落，这美丽的名字生动写实，当你站在山岚缥缈的山谷中，顿生飘然出尘之感，会不由自主地打开胸怀，淡忘了烦心的纷扰，发出了惊叹的声响，仿佛也听见了内心最深层的回音。

一栋栋饶富日式禅风的小木屋，宁静坐落在布洛湾的台地上。这样一个绝美的山谷，南边有壮硕的塔山护卫，北边依偎着幽深的立雾溪。高居双层的河阶平台上，赞叹山林间竟有这样隔绝俗世般的桃花源！

民宿以村庄聚落的整体规划，以及独栋双拼的小木屋，除了有浓浓原住民原始风格外，还带有一点点传统怀旧味道。房间内的原住民织布吊灯及布画都是纯手工制作。最特别的是客厅可以移到室外，白天可在客厅乘凉欣赏周遭美景，晚上可与家人谈天观星。

当您一进入到布洛湾山月村，最先看到的就是处处都有充满艺术的木雕。这些都是当地部落的艺术家以漂流木雕刻的，每一个作品都栩栩如生，尤其是大门前的《我们都是一家人》就像是迎宾舞般的欢迎旅人的到来！

民宿 Info

地址：花莲县秀林乡富世村231-1号
电话：03-8610111
网址：www.leaderhotel.com/blw/leadervillage

　　我住在宿区的那个门口旁,可以看到墙上有"纹面文化传承"的一些照片,这可是村长以前在布洛湾山月邨举办活动时留下来的珍贵影像记录。据村长所言,以前曾经邀请台湾仅存保有纹面的原住民耆老来布洛湾山月邨,举办盛大的活动,因为现在的原住民已经没再纹面了,这种传统习俗可能随时会消失,所以这个活动相当有意义,而这些影像记录就更显得珍贵。

　　来到山月邨最舒服的就是将脚步放慢、将心情放开,最好就是什么事都不要去想,您只需坐在房门前的长廊,不管是看着山岚变化也好、看书也好,就连发呆也是一种享受。

　　村长郑明冈微笑地站在门口迎接住客,像家人般真诚寒暄,这是山月邨美好的第一印象。

　　山月邨内的所有房舍都是用原木做成,从大厅到房内,放眼所有雕刻艺术都是村长郑明冈及原住民雕刻家的作品,村长凡事都亲力亲为,专注服务每一个小细节。

　　民宿的原住民风味餐"当山猪遇到巴黎铁塔",是一道特别且美味的餐点,吃得到山猪肉的香,还附有一杯小米酒,我猜想巴黎铁塔象征的是竹筒饭了吧!

山月邨晚上的表演，虽不是专业舞者，却可以让你感受到欢乐和温暖，了解太鲁阁族传统技艺，聆听浑然天成的美好歌声。台湾虽小但文化内容很丰厚，不禁汗颜自己对于原住民文化了解得太少。村长说刚开始规定员工需要表演，家长会有意见，后来邀请家属来看自己的孩子表演，看完之后都流着眼泪，因为以前阿嬷的妈妈住在这里，现在孙子回到这儿工作，天天晚上传承太鲁阁族文化，表演木琴、口簧琴，因此他们觉得很棒。

山月邨对于太鲁阁原住民文化保存不遗余力，村长对于每个孩子都是视如己出的勤于管教，村长分享了一段段员工的故事，深深地感受到山月村的美不只是环境，让人感动不已的是人文关怀。

更特别的一点是山月邨成为台湾第一家迈入STEP永续生态认证（STEP Eco-Certification）的本土民宿，强调业者对当地自然环境、社会文化与小区经济的保护及回馈的永续平衡发展。

旅人，山月邨会让你涤尽思虑，感受到旷世的天籁、人籁，你会听见内心满足的微笑回音。发呆，才是最美的享受！

房价

房型	人数	床型	价格
山月套房	2人成行	2张小床	每人1750 NTW（每房3500 NTW）
	3人成行	2小床+1张铺	每人1433 NTW（每房4300 NTW）
	4人成行	2小床+2张铺	每人1275 NTW（每房5100 NTW）
部落套房	5人成行	5张小床	每人1400 NTW（每房7000 NTW）
	6人成行	6张小床	每人1300 NTW（每房7800 NTW）
	7人成行	7张小床	每人1229 NTW（每房8600 NTW）
	8人成行	8张小床	每人1175 NTW（每房9400 NTW）
头目套房	2人成行	1张大床	每人3500 NTW（每房7000 NTW）
	3人成行	1大床+1张铺	每人2667 NTW（每房8000 NTW）
	4人成行	1大床+2张铺	每人2250 NTW（每房9000 NTW）

星级评价 ★★★★★

竹湖山居

Juhu Farmstay

　　台东是一块天然的净土。它默默地背向壮观的中央山脉，而同时面向无尽深情的太平洋，是山与海相遇的一首美丽诗歌。只有最天然的环境，才能孕育丰富的自然生态，只有用与自然共生的生活方式，才能让自己如此贴近大自然。因此，为了追寻内心的安宁，台东的民宿慢慢地变成我在台湾的第二个家。

　　竹湖山居位于台东山林境内，山峦环伺，自成一局，除了主人务农的足迹，也只有少数怀着相同理念的游人，能亲临此块富饶之地。在这里用眼睛与耳朵的机会占据了大多数时间，这是一种让人陌生却又好奇的经验，经历过这里的一次日落与日升后，你将会得到所有的答案。

　　这里的山与水，造就了许多特有生物的栖息之地，可说同时写下了一本最丰富的生态教科书，当您与您的孩子来到了这里，您无需排队购买门票，无需让后面的人催促着你加快脚步，无需隔着玻璃观望远处躲藏的小动物，只要您愿意，走出了房门就是一个最原始的森林，用耳朵聆听风、叶、虫鸣与鸟叫就是一首动听的森林交响乐，用眼睛观看一幅具有丰富生命神采的动画，用身体感受山林间无法言喻的神采！

　　正如民宿主人赖先生说的，"台湾原本很多美美的道路，为求速度，道路不断扩宽、截弯取直，树不见了，景没了，剩下的只是高架桥、隧道、挡土墙，和眼前飞跃的景观，无法让人放慢车速，花东台九线与台十一线，台湾最美的省道，但也与记忆中的景观差异很大，还好花东还留下美丽的197和193县道，让人慢慢地走，享受时间停滞的感觉。"

　　这家民宿全年更是鸟类的天堂，吸引着各地爱鸟人士追逐至此，甚至成为他们每年必需的一趟朝圣之旅，藏身角落的高倍数望远镜头是这里常见的异客。不如，您也来此试着了解与体会，是什么样的莫大魅力让这群爱鸟人士如此着迷吧？

　　竹湖山居的房间只有三间，更严格来说应该是三间平房，相连但各自独立。分别以三种鸟类的名称命名，风格也迥异，"朱鹂"是东方宫廷的华丽情调，"角鸮"是欧洲贵族的典雅风情，"蓝鹊"则充满南岛的热带气息，最为我喜好，选订了这间房。

page 73

一踏进门，New age的轻音乐传来，一股自然清新的芳香在室内流转，听觉、嗅觉、视觉的感受都让我对这房间的第一印象大好！阳光斜射，映照一室的温暖与光亮，非常非常漂亮的房间，用色、摆饰、光影全是最感动。竹湖山居让我喜欢的地方是美感深入设计彻底。地板的触感、壁面的材质、窗外的风景、精选的家具，都与彼此完美配合，绝美的蓝色主色，让房间自成一味，如果设计者本身不具有浓厚的美学素养，是无法将房间的质感打造得这么细腻完整的。

　　品尝了美味的当地食材的晚饭后，民宿主人叫我们探险去。大家拿上手电筒跑往深山，看蜘蛛、看青蛙、看竹节虫、看猫头鹰，林林总总。更厉害的是任何一种动物，赖大哥都像老朋友一样，随口就能叫出它们的名字及习性，就连植物

地址：台东县长滨乡竹湖村一邻41号
电话：089-832-383
网址：http://www.juhu.com.tw/

什么时候开花结果，每年换多少次叶，他都一清二楚。除此之外，他也是观星解说员，令我们大开眼界。

从竹湖山居的老板娘美菊姐口中得知赖大哥在竹湖长大，原本是果农，因为台湾经常刮台风，以致收入不稳，他毅然转营与自然生态有关的民宿来。关于生态的知识都是自己看书学来的，遇到不懂就说不懂，不会随便说，回家就自己查书研究，累积了多年经验，台大，台湾"清华"，以及一些国际研究都会来找赖大哥帮忙。

第二天起来时，赖大哥已经为我们准备好早餐，包括双色地瓜、有机杂粮浆，以及美菊姐特别帮我煮的咖啡，最让我难忘。

赖大哥夫妇对地方生态、农业有很深的感情，除了经营民宿之外，也在山谷种植了许多蔬果。住在这里，不时可以吃到有机栽种的芭蕉、木瓜等水果，让我们明白慢活的滋味。

房价

角鸮屋 两人房	平日 4200 NTW	假日 5200 NTW
蓝鹊屋 两人房	平日 4200 NTW	假日 5200 NTW
朱鹂屋 两人房	平日 4200 NTW	假日 5200 NTW

住宿包含早餐
平日定义：周日至周四
假日定义：周五、周六、公共假日及连续假日
可加床（含早餐），至多加2人，第一人加1000元，第二人加500元
90厘米以下孩童不占床每房可有一位收取300元清洁费
提供晚餐预约服务，一客400元，请于订房时事先告知

星级评价 ★★★★☆

余水知欢 Yujoy House

有些民宿的建立是跟使命走到一起的。

在绵长的东海岸，藏了一处陶渊明笔下的桃花源，不仅芳草鲜美、落英缤纷，更有一群怡然自乐的族人。这里是台东长滨乡的真柄部落，保留着传统的阿美族文化和纯真爽朗的笑容。如果想来部落做客，却为下榻处发愁，或许可以敲敲"余水知欢"的门，拜访这栋像家一样温暖的民宿。

　　背倚金刚山，从山脚延展开一片绿油油的美丽梯田，余水知欢就坐落在绿阶梯的至高处，居高临下视野清晰，即便在室内也能尽收太平洋的渺渺蔚蓝。粗旷的清水模外墙，掺染着风雨洗刷过的灰褐色纹路，还有几株九重葛恣意攀附，散发出生命的流动感和时间的痕迹。然而，这里不仅是个望山悟禅的避世之处，背后更有着意义深厚的人文内涵。

　　在台东，我遇见了巴奈。阿美族年轻夫妇庄志忠（阿忠）及徐青梅（巴奈），阿忠是马格拉海企业社的负责人，擅长水电工程，巴奈在花莲担任美容师，他们一直希望能有机会留在家乡工作并就近照顾小孩，可惜苦无机会。于是，公益平台征求了巴奈的意愿，邀请巴奈成为第一位接受培训的民宿管家。巴奈随即开始在台北亚都丽致饭店房务部及咖啡厅进行一个月的培训计划，学习房务及接待相关技能，同时也到位于台南的"佳佳西市场旅店"了解民宿经营模式。

为了进行真柄老舍的整修,公益平台邀请产业辅导召集人潘金晟先生负责景观改造规划,并让巴奈的先生阿忠负责施工;巴奈训练结束后,公益平台董事暨观光产业召集人苏国垚先生随即到真柄老舍协助巴奈将培训所学结合当地特色与人文,转化成符合部落民情的接待特色。余水知欢也开始向部落采买当地栽种的青菜、地瓜及季节特定水果,还请了部落里烘焙高手孙老师固定供应民宿早餐所需的面包与馒头,并轮流邀部落里手艺好的妇女提供美味的部落风味餐。

低调的外观,陪着我远离尘嚣,刚刚好。

虫鸣、鸟叫、山岚、海天一色、书香、音乐,在这里,让人很容易回归自然恬静的生活。像是穿越一扇又一扇洗脱俗世的关卡,走进去就到没有烦扰的天堂。余水知欢不只是民宿,还像一个展示场、一个当地艺术作品的展示空间。

这里没有电视，只有动听的音乐。各式各样的CD只要喜欢，就可以带回房间聆听。架上的书都是我喜欢的建筑和旅行类书。大厅里，可以随性地挑一个喜欢的座位坐下来，让书香陪伴你。虽然听不到浪涛拍着海岸的声音，但只要远眺，太平洋就在你的眼前。屋外，是让九重葛爬满墙的景致，浑然天成的自然。民宿后方是袅袅上升的烟氤山色。

　　余水知欢民宿的房间不多，总共只有五间。二楼有四间房：两间有阳台的房间是双人房，没有阳台的那两间则多了一张单人床，可睡得下三个人。一楼只有一家四人房，房间就在大厅旁，窗外洒进来的阳光让室内变得明亮、舒服。

　　我的房间配色很简单，蓝色和黄色，有一点点梵高的味道。木质地板的触感也让双脚觉得舒适，这里的房务真不轻松，要整理得一尘不染。只是短暂居留，不需要衣柜，也不用电视，有的只是一方在窗边的小桌和一台音响。

　　浴室是设计师让我觉得完全佩服的地方！只是简单的马赛克拼贴在水泥墙上，配上有着原住民风图腾样式的彩色线条，浴帘和脚踏垫竟然有着类似的配色，且浴帘的设计让原本的空间显得没有藩篱而更大。脚踏垫是有点厚重不会随便移动的那种材质，既是装饰又可以干燥双脚，一举数得！这里没有牙刷，落实旅游环保的概念，来这里短居，记得自备牙刷。

　　日里的余水知欢有一种知性的质朴感，每一处细节的打造都是让旅人再访的原因。窗明几净的玻璃屋、环保再造的椰子壳灯、清理得干干净净的木质地板，每一处都非常用心！

　　面对着太平洋，开始一天的活力早餐！中西合璧的早餐，营养满

地址：962台东县长滨乡三间村真柄47-28号
电话：0988-566788
网址：http://www.yujoy.tw/

　　点。这个山苦瓜听说是阿美族最爱！面包和馒头热腾腾地上桌，是从蒸笼里拿出来的新鲜。炒蛋、花椰菜、苹果、番石榴、奇异果，颜色多样看起来就很美味。包着炒蛋吃也好，单吃也好吃！豆浆和柳橙汁也准备好了。看起来很简单的早餐，吃得丰盛又满足。

　　早餐后，舍不得离开这里的幽静，便享受在这里的片刻幸福。书架上的书，很多都很有趣。下次再来，我要多花一点时间在这里看书！

　　离开时，整个田野的白鹤林立，好像站在那边跟我道别。余水知欢，我在这里被疗愈了；而你，也该找个时间来放松一下！

房间数：5　　　参考房价：3200~4500 NTW
附近餐厅推荐：
1.真柄壹号仓：0988-264050 凤美（真柄部落）
2.长滨100号：089-832886（长滨街92号/车程5分钟）

鹿野高台民宿

Bed & Breakfast

　　这次来台东看热气球,选择在鹿野高台住两晚,这样做是为了看清晨5点的热气球,还能多赖床一下。住宿的地点就在高台上的高台民宿,距离热气球会场的大草原开车约5分钟,走路要15分钟左右。本来是有考虑采用走的,但是台东天气太好、太阳太晒,还是开车比较轻松方便,不过现在热气球要收入园停车费,如果走路的话可以省下一笔也不错。

　　位于高台观光茶园的高台民宿,是经营茶园起家,除了提供住宿,也有在卖茶叶。两层楼、很像一般农舍的建筑,经过主人的整修与装潢,现在是有政府立案的合法民宿,天气好的时候可以看到主人在晒被单、枕头套,感觉真的很像回到乡下的亲戚家一样。

民宿老板娘喜欢花花草草，将民宿前方的庭园种满植物，打造得绿意盎然，吃早餐的时候还会看到很多蝴蝶在飞，来到山上才能够享受到这种被大自然环绕的感觉，实在非常舒服。

民宿的老板和老板娘都非常亲切和热情，check-in时准备了当地的福鹿茶、冷泡茶和饼干，一直要我们尽量吃、尽量喝。之后吃早餐时或是下午看到我们，也会一直招呼我们喝杯茶。而且茶园民宿泡的茶真的好喝，不只茶香还非常顺口，尤其冷泡茶更是冰冰凉凉的超消暑，后来我出门都直接拿水壶去装，老板也很开心要我尽量装。

民宿的一楼、二楼都有房间，二楼以二人和四人套房为主，一楼则是四人和室。我们住的二人套房在楼上，爬上楼梯来到二楼，房间外面走廊的公共空间以大颗石头混合水泥的材质来装潢，自然而然和四周天然的环境融合在一起。走廊上摆了几张桌椅，可以悠闲地坐在这里欣赏眼前开阔的景色。

来看看房间，我们住的二人套房平日收费1800元，假日和热气球嘉年华期间收费2500元，房

  间里的陈设就像一般家里的房间，简简单单但整齐干净，内部空间算蛮宽敞的，一张双人床、衣柜、梳妆台、电视、热水瓶、冷气、除湿机，设备很齐全，住了两个晚上还蛮舒适，睡得也很好。

  厕所和浴室也是用石头混合水泥装潢，这样的材质很凉爽、防滑、不怕潮湿也不容易发霉，还蛮适合在厕所使用的，淋浴间和厕所分开算是有简易的干湿分离，有提供浴巾、沐浴乳、洗发精、一次性牙刷等等的备品，很方便。

  住宿有附早餐，我们两天都是一早就起床看热气球，回来以后民宿老板已经准备好早餐等着，第一天吃的是清粥小菜，有加了健康谷类的养生粥、各种酱瓜、酱菜、烫龙须菜和咸蛋，另外两天早上还有香蕉、热热的养生茶，很丰盛可以吃

地址：台东县鹿野乡永安村高台路10巷5号
电话：0937-396455
网址：http://kaotai.okgo.tw

饱。本来以为早餐大概都差不多，没想到第二天早餐不是清粥小菜，换了另外的口味，是老板一早去鹿野50年老店——阿丁早点外带回来的水煎包和蛋饼加一杯豆浆，老店的东西果然很好吃也让人吃得相当饱足，贴心的老板还多买了好几份，就怕客人吃不饱。

民宿附近比茶园还更多的是菠萝田，早餐吃饱以后趁着太阳还没有那么猛烈，在附近散散步也很不错。晚上我们就在菠萝田附近拍星星、看银河，不过山下一直有煞风景的激光束，似乎是飞行伞降落伞在龙田举行的热气球夜间嘉年华。

更令我爱上这家民宿的原因是拍过《海角七号》的导演魏圣德也常常来住，可能你们下一次会与他共住一宿呢！

房价

二人套房	定价：3000 NTW	假日：2500 NTW	平日：1800 NTW
四人套房	定价：4800 NTW	假日：3500 NTW	平日：2800 NTW
四人和室	定价：4200 NTW	假日：3200 NTW	平日：2500 NTW

【平日、假日定义】
※平日：星期日至星期四
※假日：星期五、六、公共假日及连续假日，农历春节

星级评价★★★★

爵士小管

Vinyl Jazz

在我的阅读人生中，村上春树占有一个十分显要的地位。有一次，看到一篇关于他大学时期开私人爵士咖啡厅缘由的访谈，他说："爵士咖啡店是提供爵士乐的场所。所谓爵士，我觉得就是人生的一种价值基准。在广漠的时光之流中，我们的人生是如何在风中闪光的、是如何在风中燃尽的？沉浸在爵士乐中的时候，感觉我们能够找到些什么。爵士咖啡店的老板如果忘了这样的使命感的话就完了。"

因为这样,我爱上了爵士及咖啡并一直在想,如果有一天有一个地方把这两个元素结合,并在这理想空间中住上几天,人生也许就留下难忘的回忆片段吧。我真是幸运,因最近我在台东遇见一个这样的民宿——爵士小管Vinyl Jazz,而主人愿意舍得已经拥有的一切,勇敢来到台东追逐梦想。

这家爵士小管的主人Albert,本来跟大家一样过上班族的生活,在曾经庸庸碌碌的生活之后,他决定放下台北的一切,来到台东开始耕耘他心里的那一块田。他的梦想在这里慢慢地发芽,台东鹿野,一个近几年因为热气球而声名大噪的乡镇,是一个没有稻期耕作,却拥有恬静生活的乡村地方。

爵士小管门前有好大好大一片的草地,这样的绿野,对于生活在都市里的我们,是好奢侈的享受。大门前是很笔直的道路,路面不宽不窄,很少有车子经过,我站在这马路上、绿树下,没有车流声,没有人潮声,只有清脆的鸟鸣,还有微风将树叶吹落的声音。

房间分别在一楼、二楼，没有豪华的装潢，坚持简约主义。但是从公共区域的大幅海报和挂画，可以看到主人对爵士乐的热情。每个房间，都是以著名的爵士歌手命名，二楼的John Coltrane是我这次住了两个晚上的小窝。房间并不小，但是有着很好的采光及视野。寝具是采用高档的床垫、棉被和枕头，在这宁静的田野里，窝在这舒适的床上，人会变得懒懒的，赖着舍不得起床。

这里没有电视，但是却有着一般民宿没有的黑胶唱片和真空管机。向主人借了张唱片，Nat King Cole，我很熟悉的歌手，很熟悉的歌曲，但是在不同的地方，听着一样的音乐，心灵上却是更深的感动。

民宿餐厅里，墙壁和地面上满满的黑胶唱片，这就是主人对爵士乐的钟情，钟先生不仅在台东落实他的梦想，更将他最喜爱的珍藏分享给每一位旅人。坐在吧台上，看着Albert亲手用咖啡壶讲究地烹煮着香气四溢的咖啡，一边听着他随性谈说自己的故事，背景音乐里的Louis Armstrong正轻柔地唱着："What a wonderful world！"而眼里如此懂得享受生活的Albert正闪闪发光，What a wonderful man！

夜色渐渐低垂，这里没有霓虹闪烁，也没有川流不息的车水马龙，四周好安静。爵士小管点起了这片原野中唯一的灯光，开始了山居岁月的鹿野夜生活。

翌日早上，刚搭完热气球回来，脸上洋溢着满满幸福的笑容，Albert已经帮我们准备好了早餐，面包、烤蛋、火腿、水果，还有饮料，好漂亮的搭配，也好丰盛。

　　看起来是很简单的组合，但仔细地品尝，你会发现主人的心意：面包切片事实上是三种不同的口味，火腿是来自花莲的郭荣市。

　　回来香港已经一段时间，但是心思还是偶尔忍不住的飞回了爵士小管，绿意、鸟语，还有微风轻轻吹过的声音，让我的心灵好富有。其实，我没有勇气抛下一切、远离烦嚣，但是在这里，我就如来到了另一个自在放松的天堂，让我充充电，让我有勇气继续努力并且为自己的梦想再奋斗。

地址：台东县鹿野乡龙田村龙六路150号
电话：089-550-949 / 0988-010786
网址：http://www.vinyljazz.idv.tw

星级评价 ★★★

宜兰县周边游

冬山河线：河畔单车慢骑

来到宜兰，必定要拜访知名的亲水公园，可沿着冬山河骑车赏河景、消耗热量，再到传艺中心与台湾古建筑、传统文化相遇，滋润灵魂与内涵，回到罗东后别忘了顺游运动公园，最后到罗东夜市饱食一番，为一天留下完美的句点。

冬山河亲水公园：玩水骑铁马

建议停留1小时50分钟（冬山河亲水公园站下车即达）。

冬山河是宜兰境内第5大河川，以"亲近水，拥有绿"为主题规划出的亲水空间，如水上舞台、弯曲河道、渐入水式阶梯，让大人小孩都能开心地玩水。一年一度的国际童玩艺术节、国际名校划船赛都是在此举行。

台湾传统艺术中心：走进怀旧时光隧道

建议停留1小时50分钟（台湾传统艺术中心站下车即达）。

园区内有百年古宅、雕刻华丽的戏台、仿古的街面立屋，并设立传统艺术展演区、传统艺术传习区、传统工艺推广区等，邀请艺术家进驻，每天都有展演与活动，不论是民俗童玩或戏剧，让民众可以观赏传统技艺，体验传统文化的乐趣。

罗东夜市（台铁罗东后站）：美食天堂

建议停留1小时30分钟（台铁罗东后站下车步行20分钟即达）。

罗东夜市位于宜兰县罗东镇，范围扩及民生路、民权路、公园路、兴东路，是当地人在罗东市区逛街玩乐的好去处。周围商店林立，罗东夜市由民生路、民权路、公园路、兴东路围成方块状，是当地逛街购物的中心，带动了周围商圈的发展；罗东夜市经营各种传统风味的小吃、商品，这里遍布平价服饰店、鞋店、小吃店等，还有龙凤腿、台湾咸卤味、包心粉圆等都是闻名全台的小吃料理，其中以肉羹番最负盛名，以独特风味的肉卷在国宴料理中打响名号，更是成为生意强强滚的店家，吸引不少民众前往品尝。

罗东运动公园："绿、水、健康"三大主题

建议停留40分钟（台铁罗东后站下车步行20分钟即达）。

罗东运动公园，1975年建造此园，历经7年的精心营造，展现独特的风貌，成为宜兰县全体人民的骄傲，结合运动与休憩，呈现动与静机能完整而独立的罗东运动公园。

近期公园内晚间的水舞表演，更是吸引不少游客前往欣赏。

（水舞表演时间：每日16:00-21:00，每次整点演出8分钟的水舞秀）

礁溪线：恋恋温泉乡

礁溪是北台湾知名的泡汤区，除了可以安心享受美人汤的滋润，步道和飞瀑都是泡汤后散步的好去处，泡完汤肚子饿了，还可以品尝用温泉栽种的蔬菜，这就是最到位的礁溪温泉乡之旅。

汤围沟公园

建议停留1小时30分钟（汤围沟公园站下车即达）。

礁溪温泉水质清澈属碱性碳酸泉，含丰富的矿物质，无色无刺鼻臭味，洗后皮肤光滑细致，故有"美人汤"之称。汤围沟公园除了水岸绿化空间及景观凉亭外，特别规划设置充满禅意的桧木泡汤池及半户外泡脚交流地，无论是泡汤或是泡脚，都可以放松养生、纾压心情。

跑马古道：遥望龟山岛

建议停留1小时40分钟（跑马古道站下车即达）。

跑马古道全长5公里，是礁溪通往北宜公路石牌的跑马路，清代时是先民运送物资的便道，到了日据时代则被拓宽成为守备道路，目前跑马古道已被辟为登山步道。

走在古道上沿途风光明媚，有小桥流水，还有丰富的林相，尤其在夏季时漫

步于此特别凉爽宜人，您也能登高望远，鸟瞰山脚下的兰阳平原景色与属于异乡游子们心灵的故乡——龟山岛。

五峰旗风景区：观瀑戏水探幽谷

建议停留1小时40分钟（五峰旗风景区站下车即达）。

五峰旗，其得名来自《噶玛兰厅志》"以形得名，五峰排列，如竖旗帜……"。

五峰旗瀑布是由三层瀑布组成，全长约100公尺，沿着山峰间的登山步道而行，气势磅礴的水流由峡谷奔流下，形成多处水潭，水质清澈，清凉无比，是假日的休闲胜地。

五峰旗管理站联络电话：03-9880940

林美石盘步道：漫游溪谷生态

建议停留1小时40分钟（林美石盘步道站下车即达）。

林美石盘步道位于礁溪高尔夫球场旁，是林务局于2005年规划完成开放的一处森林步道，现已成为热门的景点。此步道以呈现低海拔森林生态系及"四棱砂岩"石盘景观为主，步道平缓，路线不长，蕨类植物丰富多样，沿途还有溪流瀑布等景致，吸引不少游客前来踏青。

本步道是沿着得子口溪的溪谷而建，沿途大小瀑布颇多，最上层的是石盘瀑布，步道全长约1.7公里，呈圆形环状，全程约80~120分钟可以走完。

花莲县周边游

布洛湾河阶台地

自古以来就是原住民太鲁阁族的居住地，分为上下两个台地的布洛湾，下台地是管理中心、展示馆的所当地，可以在这里看见太鲁阁原住民的文化，旁边有一座环流丘公园，在公园里头可以看见立雾溪水蜿蜒流出峡谷的景色，是绝佳的拍照地点。布洛湾也是台湾百合复育的重点地带，每逢春季，可以看见白色的原生台湾百合开满了整个台地，洋溢着百合幽香，此外，还有双花金丝桃、金花石蒜、台东火刺木等台湾原生植物。上台地的部分，则是立德布洛湾山月邨，提供太鲁阁峡谷内的住宿、餐饮服务，若是走累了，可以来这里休息。

燕子口、九曲洞

离开布洛湾继续往上走，就进入太鲁阁最出名的大理石峡谷段，湍急的立雾溪水，向下切割出如此壮阔的大理石峡谷，还在岩壁上留下了壶穴、涌泉、印地安酋长岩等景观。而且现在经过人车分道后，更可以慢慢欣赏大理石峡谷的壮阔之美，因为车辆全部改走新的隧道，旧公路就变成了供游客们慢慢走的景观步道，不仅路幅宽阔，而且走起来十分凉爽喔。沿着步道，可以一边欣赏大理石峡谷的壮丽，一边惊叹当时中横公路开凿时的艰难，真的很难想象，在当初工程技术不发达的时候，是怎么在高耸入云的峭壁中，开凿出可供车辆通行的隧道。不过倘若是在大雨过后要游览这两处景点，须注意落石的危险，造访前最好先到游客中心了解一下信息。

七星潭

花莲著名的景点七星潭，特殊的砾石海滩，每当浪潮涌上退下，都会响起沙沙的声响，格外有海边的感觉。可以租辆单车，在七星潭海滨骑单车，享受追海风的乐趣，也可以到一旁的柴鱼博物馆内，了解柴鱼到底是怎么做成的。七星潭这里也有几间海鲜餐厅，卖的是当地花莲渔民捕捞起来的新鲜海产，曼波鱼、鬼头刀，都是这里餐桌上的常见料理，在结束一天太鲁阁之行后，不妨在这里打打牙祭，补充当天花费的精力，顺道品尝来自太平洋的深海美味。

台东县周边游

台湾的"后花园",拥有丰富的生态资源,无论是海岸、高山、森林、溪谷,都保持着自然完整的风貌。

鹿野高台体验飞行伞

建议停留2小时。

来到鹿野高台,这里就是纵谷飞行伞运动的胜地,只要是好天气,站在高台上,就可以俯瞰纵谷区的田野景观,胆子大一点的,还可以参加飞行伞的体验活动,请教练随行乘风飞上天际,体验翱翔的乐趣。

而高台底下的龙田村,也是来到鹿野地区必游的景点,这里原本是日本移民村,所以保留许多日式建筑,加上遍植道路两旁的小叶榄仁树,是座幽静的东部聚落,可在此租辆单车漫游小区,还可躺在绿色隧道里,享受午后时光的优闲。此外,龙田村可是全台有名的蝴蝶村,在村子里很容易就可以见到翩翩飞舞的蝴蝶,所以骑单车可千万别骑快,否则很容易忽略美丽蝶舞呢!

原生植物园区:品味药草料理

建议停留2小时。

经过绿色隧道的洗礼,是不是已经呼吸到森林的气息了呢?这一站来到台东原生植物园,让你对台湾特殊的原生植物更有感觉。园区内种植两百种以上的原生植物,从水生植物、香氛植物到药用植物等都有,而且园内的植物不仅用来观赏,还可以拿来吃。

园里的餐厅也特地设计出多种不同的有机食物养生膳食,很少尝过用药草做成的酱料吧!来这里就吃得到喔!就连下午茶里的蛋糕也是用药草做成的,再配上一杯咖啡,滋味独特。如果还是不够过瘾,那就来套养生御膳餐,不仅可以品尝美味,也吃得到健康。

富冈渔港：大啖海鲜

建议停留2小时。

富冈渔港地形独特，黑潮带来丰富渔获，旗鱼、鲔鱼、鲨雕、石斑、鲣鱼、龙虾等高经济鱼虾贝类，这儿通通都有，红加网更是此地特有鱼类，不少人为此慕名前来；加上邻近台东市，又是台湾本岛前往绿岛、兰屿的最近交通港，因此，不仅当地人不时来此尝鲜，赴离岛旅游的外来游客也在此停泊。

森林公园、海滨公园、天后宫：漫步绿地

建议停留50分钟。

沿着台东著名的"马亨亨大道"，来到台东市外围的森林公园，广达280公顷的公园，这是在西部都会区里难有的广大绿地，里头设置步道、森林、人工湖等，天气好的时候可以在里头慢慢散步，慢慢体会台东人的悠闲。沿着森林公园步道一直走，另外一端就是海滨公园，这里沿着太平洋海滨，设置了宽广的自行车道，在这里骑单车，还可以欣赏沿途各种装置艺术，把广阔的公园绿地装点出艺术气息。

而距离森林公园不远处的中华路上，坐落着台东天后宫，这一带是台东市的发源地带，建于清光绪二十二年（1896年）的天后宫，已经有百年以上的历史了，历经了甲午战乱、日据时期的破坏、太平洋战争，都奇迹似的保留了下来，是台东市民自古以来的信仰中心，香火鼎盛。

Chapter 2

北部

苗栗／新北／台北

金瓜石缓慢民宿
Adagio

　　你喜欢的民宿是什么风格呢？是优美环境导向，或是主人热情招待，抑是建筑风格所致，还是不闻不问的自由？

　　秋天，总让人忍不住想来一趟小旅行，在民宿里尽情纾压身心。而如果自己也有一家超像民宿的屋宅，就能天天生活在度假氛围里，随时保有好心情！在新北有一家65坪混搭风大宅，透过家具摆设、色彩调配，不只营造出缤纷疗愈的视觉体验，更融入实用的生活机能，快一起来造访这个空间吧！

　　"缓慢"没有真正的主人出现，在它的屋子里全是一视同仁的管家，所以它可以给你的应该就是舒适的招待。

　　缓慢是一家不好订的民宿，两个月前就得预订，幸运的我临时决定外出前一周，竟然捡到一个好机会，突然有了空房腾出，想必是有人突然有事临时取消，这是幸运的开始，我决定缓慢，踏上缓慢，开始缓慢。

我在这家民宿长住了一段日子，试着慢活的哲学精神，并体验出"慢，不代表散漫，不代表停滞，而是试着以坚定而迟缓的脚步，一步一脚印，抵达目标，不要错过沿途的风景"。住在这里，我深深了解旅游未必要"有所作为"，发呆也是最美妙的享受，不知道有多少个故事，是在旅行时跑进我空白的脑袋里，自行在想象力中住了下来。我始终相信，说走就走，是人生中最华美的奢侈，也是最光灿的由由。

金瓜石缓慢民宿的舒服不仅在于它有矿业历史的氛围以及幽静的山间步道，民宿本身就是一个让人感到舒服的所在。随手从二楼客厅的书架上抽了一本书与一张CD，躺在玻璃窗边的发呆床上，漫不经心地看着书。发亮的绿叶在风中款款摇摆，山的雄伟对比着海的辽阔，天空是干净纯色的蓝，阳光射入窗内晒在身上温度刚刚好，在玻璃窗外仿佛静止的画面中，对山的山路上缓慢移动的车子滑入山坳后的海水里，有种童话式的趣味想象。

我住的房间里有一个小客厅及两个阳台，前阳台可看山看海，侧面的花园阳台提供了一

民宿Info

地址：224新北市瑞芳区山尖路93之1号
电话：02-2496-1111
网址：http://www.theadagio.com.tw/

个自在舒适的私人户外空间，适合家庭或三五朋友小聚。当然不会忘记管家秀秀跟小青招呼我的饼干跟那杯温暖的乌梅汁，还有妆台上摆放着信封信纸和贴心准备附近的散步地图。

离开的时候，我把管家给我的小玻璃罐装满了附近的花草或是砂石，也许是这份缓慢的空气，回家后当我想起这个玻璃罐时，那一段缓慢度假美好时光也重现眼前。

慢活在金瓜石缓慢民宿，让生活更快活！

房价

房型	平日	假日	标准入住人数
2abc双人房	平日：4500 NTW	假日：5800 NTW	标准入住人数：2人
3abc双人房	平日：4500 NTW	假日：5800 NTW	标准入住人数：2人
3e双人房	平日：3900 NTW	假日：5200 NTW	标准入住人数：2人
3f双人房	平日：3200 NTW	假日：4800 NTW	标准入住人数：2人
3gh双人房	平日：3200 NTW	假日：4800 NTW	标准入住人数：2人
4a双人房	平日：4900 NTW	假日：6200 NTW	标准入住人数：2人
4b双人房	平日：3200 NTW	假日：4800 NTW	标准入住人数：2人
3d三人房	平日：5100 NTW	假日：6500 NTW	标准入住人数：3人
2d四人房	平日：6200 NTW	假日：7600 NTW	标准入住人数：4人
4v四人房	平日：7600 NTW	假日：8800 NTW	标准入住人数：4人

服务及设施：房间无线网络，住宿提供免费早餐、迎宾茶和九格朝食中式早餐，书籍、电影、音乐。

因应家中有年幼子女，但仍希望能入住缓慢的爸爸妈妈需求，将开放7岁以下孩童于寒暑假及节假日入住，其他时间仍采取不开放7岁以下孩童入住之规定。

星级评价 ★★★★

湖畔花时间

Spend Time Resort

旅人，你有否厌倦城市的急促窒闷，渴望找到能喘息的出口？ 也许，住民宿是换个城市短居的最佳方式。怀抱着梦想来到应许之地的民宿主人，将建筑链接外围自然景观，让旅人可借由他们巧思规划的独特视野，去欣赏台湾好山好水带来的自然感动。在苗栗的山林中， 我走进了一家世外桃源般的民宿。

循着石头小径进入"湖畔花时间"，四周皆是看似率性配置的庭园造景，而木造风格的建筑就适切地与青山草木融合共生，虫鸣鸟叫，空气新鲜。

湖畔花时间的主人对我说："在这里，自然、诚恳、幸福是永不匮乏的，生活在这一块土地上的每一个人，多少期许着隐在层峰绿林中的绝世感。"

来到这里只要泡壶茶、拿本书、聊天或什么都不做地坐在窗边悠闲欣赏湖光山色就很棒，又或者不要错过"湖畔花三宝"：桐花湖、温泉还有草莓料理！

每个房客都有属于自己的观星大阳台（约6坪），可直接眺望宽广湖面，每间住宿房都有面湖极具特色的大型凸窗，最适合随性坐卧谈天赏湖，悠闲自在欣赏户外风景，天然湖光山色令人感受心无旁骛的闲适感。夜晚躺卧独有的观星大阳台，晨间漫步享受薄雾围绕的浪漫，都是行旅中的最美的风景。

另外，新开挖出来的52℃原汁原汤美人汤温泉，不加水、不加热、不稀释，主人为了让游客在盛夏酷暑之中享受泡汤的乐趣，还想出了经由特制管子绕经苗栗大湖马那邦山下桐花湖，制造自然冷却、未经稀释的天然冷泉的点子，让游客更多享受温泉泡汤或是天然冷泉的新休闲。

入夜时分黄色灯光散发出交叠光影，隐藏在层峰绿林中静谧的湖岸，傍着波光粼粼的湖畔，恬静悠然，就像独立又不受干扰的世外桃源，不论是住宿房的大型凸窗，或是餐厅用餐区，其空间内外规划都十分自然。

地址：苗栗县大湖乡义和村淋漓坪126号
电话：037-996-796
网站：http://dearbnb.com/bnb/spendtime/

湖畔花时间与游客每次的相逢，都会因不同季节让人惊艳不已。每当萤火虫季夜晚来临时，满山的萤火虫将会慢慢地苏醒，悠游在这广大的山林之中，此刻的萤火虫，是大自然的贵客，人与萤火虫的亲密接触也从此开始。油桐花不甘寂寞地漫天随处飘舞，满地桐花落雪。等到秋天来临时，满山枫叶转黄，将整座山头染上了金黄色，映在湖面上的倒影，点缀出一幅最美丽的风景画。

房价

	原馆	家庭六人房	楼上小木屋	湖畔浪漫
房型	住宿时间	六人套房	双人套房	双人温泉套房
住宿	平日	6000 NTW	3000 NTW	3500 NTW
住宿	假日	7500 NTW	4000 NTW	4500 NTW

	新馆	双人房	三人房	四人房
房型	住宿时间	双人温泉套房	三人温泉套房	四人温泉套房
住宿	平日	4500 NTW	5200 NTW	5900 NTW
住宿	假日	5500 NTW	6200 NTW	6900 NTW

服务与设施：均含早餐、温泉会馆泡大众池温泉（入住时间内不限次数、时间，需着泳装 ，泳帽）。加床定义：含单人床和室床垫、枕头、单人棉被、并含早餐、温泉。

Solo Singer Inn

　　在新旧文化糅合出的北投风情中，有一家承载了过去与现在的文化旅社Solo Singer Inn，透过一群年轻人的双手，将北投的底蕴重新打磨、发亮。

　　"小马"马永欣，是Solo Singer Inn的创办人。热爱旅行的她，8年前从台大会计系毕业后，便前往欧洲与拉丁美洲旅行。在那一年里，除了看遍美丽的风土人文，小马也从旅途的各种变动中，快速地认识自己，这也成为她日后创办Solo Singer Inn的缘起。

布帘上典雅的印花，是宾城旅社的壁纸图案，破损的壁纸在修缮时清除了，但美丽的印花成为图腾留了下来。旅馆房间保留原始格局，添加人的创作与温度，是一大特色。但小马还想做得更多。她领着众人举办文艺沙龙、画展、旅行与音乐分享会，也在相邻的老房另辟了Solo Singer Life空间，进行打开北投周、味蕾派对等活动，在推广北投巷弄文化的同时，也连接了"好生活"的态度。

"能使自己成为台湾一个什么样的代言人"的思考，始终在小马内心萦绕。她想创造更多国际交流的可能，邀集商业、顾问、科技、创新创业等各种领域的优秀国际青年领袖，透过创意讨论与会谈，希望能为台湾年轻人碰撞出更多梦想的火花。

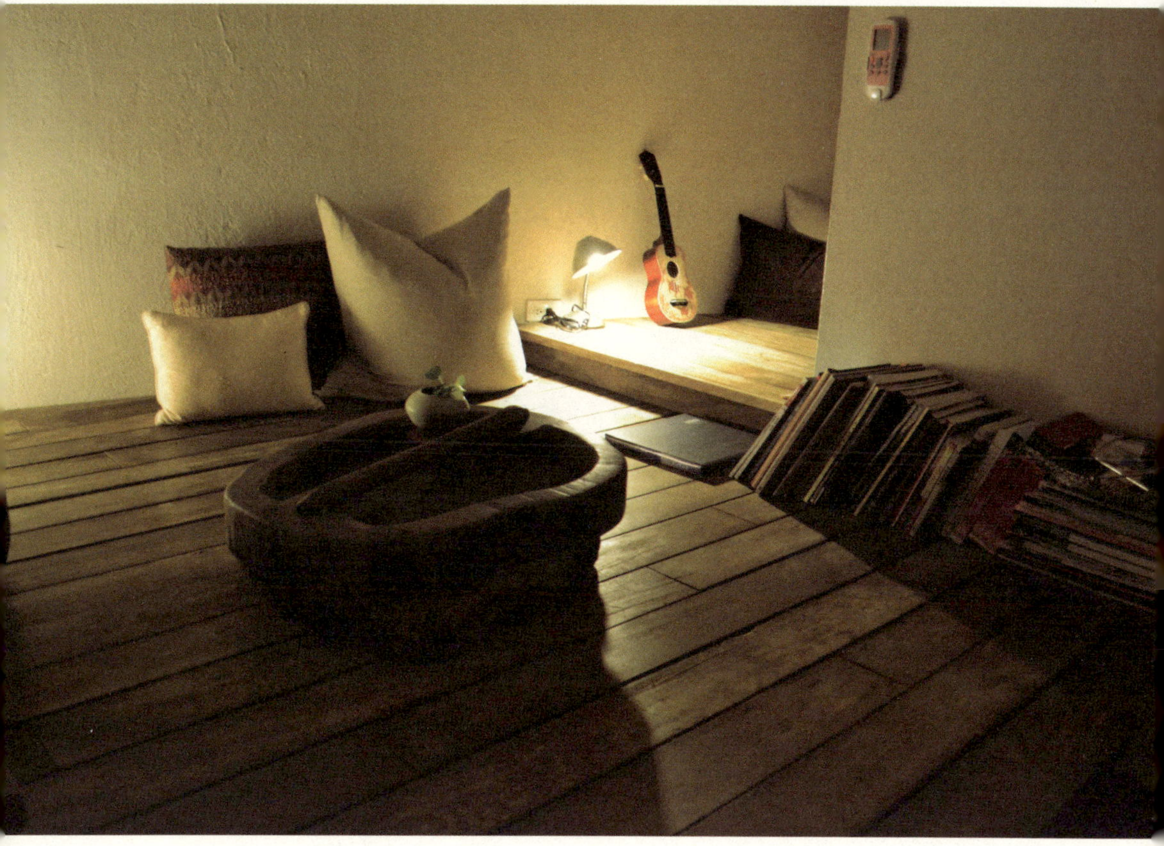

住在一家小小旅馆，但内在的人文素质是那么深厚及让旅人回味！

地址：台湾台北市北投区温泉路21巷7号
电话：02-2891-8312
网址：http://thesolosinger.com

星级评价 ★★★★★

新北市周边游

九份

建议停留3小时。

台湾的采金矿中心,环山面海,拥有变化多端的山海美景,为一座小小的山城,保有着纯朴的旧日生活风貌。清朝光绪十九年(1893年)在九份地区发现砂金,淘金与采金的人潮便逐渐涌入此地,于是展开了淘金历史,到了第二次世界大战台湾光复后淘金热潮减退,人潮也渐渐散去,终于在1971年正式结束开采。

由于观光产业的兴起,九份又恢复到以往的繁荣,在老街上处处是人声鼎沸,忙碌的都市人在这里找到一处可以放松心灵的地方。九份处于环山面海的丘陵地上,为一座高低错落有致的山城聚落,小小山城中的居民一直以来都保有纯朴的生活形态,由于房舍建筑彼此紧邻,居民们之间的互动频繁,使得这里的风土民情充满浓厚的人情味。随着季节的变化,山景也大异其趣,呈现不同的风貌。过去,九份成为淘金客的寻梦园,如今,它已成为许多艺术工作者的殿堂。

黄金博物馆

建议停留1小时。

黄金博物馆位于新北市瑞芳区金瓜石的山城里,拥有丰富的历史人文与自然资产,并且是台湾首座以生态博物馆为理念所打造而成的博物园区。将茶壶山缥缈的意境以写意的水墨渲染来表现,展现黄金博物馆自然休憩的特性,旋转律动的书法字"G",具有两层意义,一为"Gold",Gold Ecological Park;二为"Green",代表黄金博物馆整合人文资源,发展成为有生命的博物馆,生生不息地传承下去。

黄金博物馆的主要馆舍规划包含有:介绍与展示矿业文化及黄金物理特性的"黄金";让民众能够深入矿坑坑道体验采矿情景的本山五坑坑道体验;展示金瓜石地区生态环境与地质矿体特色的"环境馆";"太子宾馆"则开放周边庭园参观,让民众欣赏优雅的日式建筑之美;此外地质公园、金瓜石神社、茶壶山、战俘营、黄金瀑布等人文生态地质景观,亦是博物馆外围不容错过的重要景点。

鼻头

建议停留1小时。

沿着滨海公路—过南雅约85公里处，远远的就可看见延伸在蓝色浩瀚海洋中的鼻头角了！喜欢鼻头角的人，总不忘记从海上回望那美丽壮阔如军舰一般的海蚀崖英姿，以及顶着一颗颗蘑菇头的蕈状岩，如士兵在海蚀平台上列队整装，仿佛正要出征的舰队。鼻头角因地形为一岬角，凸出大海，形状如鼻，故名为鼻头。陡峭又凸出的岬角棱角分明，高耸的峭壁下浪花激荡，自然地流露出那种海角天边的氛围。

鼻头角在海域地理上极为重要，鼻头以北的海域属东海，以南属太平洋。鼻头角与台湾本岛最东的三貂角（贡寮区）和最北的富贵角（石门乡），合称"北台湾三角"。鼻头角因突岬方位，使海水因潮汐的流势，在鼻头角灯塔下的海面形成一处俗称"卷螺水"的大漩涡，以顺时针方向旋转，大潮大旋，小潮小旋，甚为壮观。

在滨海公路尚未开通之前，鼻头角地区是个鲜为人知的偏远地区，此地居民对外的交通除了靠船渡之外，就只能步行，非常不便亦很辛苦，每年东北季风来临前，居民要先囤积半年的粮食准备过冬，因为季风一来，这里便成了封闭的世界。

然而，北滨公路通车之后，渔村的面貌已完全改变，许多建筑物也被钢筋水泥所取代，摊贩、海产店如雨后春笋，此区域可以逛逛的点有鼻头港服务区及鼻头角地质公园，内有餐饮区、观海平台、停车场、凉亭、公厕、栈道等设施，可以停下车来品尝海鲜小吃、看看海景。

游客除了可以舒畅地漫步在鼻头角地质公园外，还可以观赏到丰富的自然生态以及地质、地形景观资源，其中三条规划完整的步道，有壮阔的山海湾岬景色、奇幻多变的海蚀地形、气势磅礴的浪花拍岸、繁花似锦的海滨植物、种类多样的自然生态，也有360度登高望远的视野，让人充分感受自然的丰美精彩。

龙洞湾

建议停留2小时。

城堡造型的龙洞四季湾，打造浪漫、优柔之气氛，吸引各地旅游玩家前来休闲玩乐。

您可以在春季，远眺海洋中鲸豚遨游的美姿，夏季来体验无边际的海水泳池及出海船潜，秋季来趟湾岬步道的知性之旅，冬季泡着暖暖的海水汤，让你体会到四季湾就该如此温暖，在这欣赏到大自然雕刻出龙洞四季湾的艺术气味，是一种人与大自然最亲密的交流。龙洞四季湾是一年四季，休闲玩乐的度假胜地，四季湾一系列极致体验，等你来探索。海岸边不但以变化万千的奇岩以及绮丽景色吸引各地游客流连忘返，也拥有别具特色的渔村风光及人文景色，海域盛产的龙虾、肥美的九孔与海鱼等活海产生鲜美食，是饕客尝鲜的好去处，享受四季湾浪漫生活，悠活在大自然怀抱中。

福隆

建议停留2小时。

福隆古称挖子澳，又称新澳底，因为在日据时期日本人为了打通基隆与宜兰之间的交通而建造铁路贯穿其间，但因铁路无法通过澳底遂取道福隆，称为"澳底驿"，故名为新澳底。出了福隆火车站，越过滨海公路，经过福隆桥，沿着左边的小道前行，即是福隆的旧街。福隆站前便当店林立，成为当地最具代表性的名产。街上新旧式的建筑并立，广场旁颇具气派的东兴宫，是居民的信仰中心，供奉三府王爷及天上圣母，每年农历六月十八的三府王爷生辰以及三月廿三的妈祖生辰，皆为当地盛事。

由于福隆地区正位于东北角海岸风景区的中心，因此东北角暨宜兰管理处也设于此，以便于服务游客，此区的游憩景点有福隆海水浴场、专用的自行车道以及龙门露营区，夏秋时节，八方游客汇聚于此，露营于天地之间，戏水于金黄沙滩上，驰骋在滨海自行车道上，不亦乐乎。

Chapter 3

南部

云林 / 屏东 / 台南

垦丁牧场旅栈

Farm Guest House

　　自从电影《海角七号》上映后，屏东一带便成为电影迷必到朝圣景点，带旺附近的民宿。但因为竞争剧烈，要突破也要花点心思！牧场旅栈可以是一个成功例子，创造一家主题民宿。

　　牧场旅栈位于热闹垦丁路的巷弄里，但走进其中却感受不到大街上的喧嚣，反而有一种闹中取静的味道，旅栈的静和大街的闹形成两个对比。这里没有大大的花园，没有大家所期待的牛，但受客人欢迎的程度有增无减，只是因为旅栈老板牛爸爸喜欢和客人交流，分享生活创意！

　　旅栈的房间有乳牛与波波鼠营造出的主题客房,而二楼的山景客房则有让人大喊"幸福"的漂亮美景,因此住宿其中既享受舒眠的快乐,更奢侈地把星星、月亮、蓝天白云当摆饰,无怪乎住过的人都陶醉。在牧场区已经营好几年的牧场旅栈,让了更配合区域性,将住宿风格增添牧场的趣味气氛,最具指标的便是乳牛花纹的建筑,以及人气乳牛房,让房客感觉清新,令人眼睛为之一亮。民宿主人在垦丁街上有家"棋盘脚",店内有许多个性纪念商品,也是一个充满特色的景点。

刚踏进门口，就被屋内各式各样的"牛"吸引着，基本上在旅栈里面你做梦都不会离开"牛"，如手绘的乳牛枕头和抱枕、乳牛造型 DIY 旅客欢迎板、创意改造的浴室贴纸，以至你走到旅栈后面，连电力公司的电线杆都变成了牛爸爸们的艺术品。更特别的是老板女儿在三楼自己房间的创意涂鸦，牛爸和牛妈索性连楼下房间的所有墙壁和天花板都手绘成各种快乐童年里才会经历的图案，也因此有了乳牛、波波、龟龟等各种不同的房型。

地址：屏东县恒春镇垦丁路和平巷91号
电话：08-8862993
房价：双人房1800NTW起，四人房2800NTW起
服务及设施：房间无线网络，住宿费包含精致丰盛的早餐
网址：http://www.ktfun.idv.tw/

榄人生态民宿

Lan People Villa

　　大家在挑选旅游目的地的住宿地点时候，都是以哪些因素来作为最主要的考虑呢？令人心醉的绝美景观？回味无穷的当地美食飨宴？别具特色的民宿体验？坐落在台南县七股乡十份村一洼洼鱼塭中，我遇上一家百分之百的特色民宿。

感受到亲情和家乡的呼唤，在外闯荡20余年的杜基旺，毅然返乡，在自家鱼塭上亲手盖了间独一无二的榄人生态民宿，带着游客看螃蟹、看飞鸟，深入体验小渔村风情，成为滨海一处洋溢着白色希腊风情的浪漫去处。有理念又坚持的民宿主人，从其热爱分享的口中听到或历经艰辛或充满趣味的故事，也是旅途上一件难能可贵的礼物。

榄人生态民宿房型有生活体验小屋、水边小屋亲子房，以及水上探更寮等3种类型。其中最特别的，当属半圆柱造型、看起来像是水桶被切了一半的探更寮，是渔民早期养殖虱目鱼时为方便长工照顾鱼群和夜间守夜巡查而建的休息场所。

每一间客房均有极佳视野，推开窗便能引进阳光、蓝天、田园与草原绿意，雅洁的客房辟为双人房和四人房，并拥有大阳台，让入住旅客享有乡村度假的闲适与美景。有趣的是民宿内的桌椅、漂流木灯具、杯架、楼梯扶把，甚至房间的钥匙环，全都是出自阿旺一家人之手，是到海边捡拾漂流木自制而成的，别具巧思的创意，常令客人惊艳不断。刷白的墙、木造门、舒适的沙发、造型玄关、民宿内大部分收藏的创意家具，让人看了都忍不住赞赏主人的品位。

我在榄人生态民宿重新认识自己选择宁静慵懒的另一种生活方式：

白天骑自行车至滨海一处散步，晚上聆听虫鸣蛙叫，抬头仰望繁星点点，远离尘嚣亲近自然，充满喜悦轻松。

地址：台南市七股区十份村13邻74-10号（金德丰渔场）
电话：06-7880138　0931-884146
网址：www.7gohappy.com

房价

	水边亲子小屋	4200 NTW
鱼塭生活体验小屋	虱目鱼四人房	3800元 NTW
鱼塭生活体验小屋	黑琵四人房	3800元 NTW
景观小屋	两人景观套房	2800元 NTW
鱼塭水上探更寮	养鱼人的水上住宿体验	2000元 NTW

星级评价 ★★★★

老林居

Rolling Inn

台南蕴藏丰富古迹和人文风情，漫步游玩府城，细细品尝它的古典韵味，总是能吸引旅人一再回访，近年来吹起一股怀旧风，就连台南民宿也不例外，也因此，入住老屋改建、老宅新风貌的特色民宿已成为炙手可热的旅宿首选。在老板用心巧思打造之下，让旅人有走入时光隧道之感，顿时忆起昔日年华。

如果说，休息是为了走更长远的路，旅行，更应该找一家民宿一夜好眠！古都台南，经历百年艺文历史丰沛的滋养，孕育出无数文人雅士。除了老街旧宅的精致建筑文化，还是台南值得深入探索的另一份宝藏。在这里，老林居Rolling Inn 一直是我心目中民宿的secret garden！

老林居里的阳光闻起来是香的，带着怀旧乡愁的那一种香。它是沉淀逾一甲子的老房，隐身在热闹的海安大街。它是老医师林丽水的故居，经过几回世代交替，现在已成为由后代经营的老屋民宿。他们留下一屋子的家具，在房子既有的结构上，融合一点具现代感的设计，整体空间蕴着一股纯朴可爱的气质，明亮而舒爽。老林居有股魔力似的，自然地隔绝了外头的喧闹。它是一座绿色小乐园，盎然的树木围绕，碎状光影散落在咖啡聊天室，再过去则是宽阔的庭院。如果放慢脚步仔细寻访，定能在这片小天地里发现惊喜。

进入客房，草绿的墙面搭着木头、大地色的家具，让人感觉特别宽心。除此之外，还能见到典雅的八角翻窗、小巧的白色陶瓷水孔盖等。古早怀旧的老房，藏了许多令人倾心的细节。老林居的结构仍坚毅稳固，磨石子的墙面厚实，内部家具保存十分完整，仿佛时光从来没有流转一般，静静地待在原地。

　　从房间的分布上来看，一楼的通铺可容纳三到四人，大落地门直接通往花园，在房间里就可以看到外头的树影摇曳。木地板的交谊空间适合谈天小聚，还有舒适的阿公摇椅可以发呆，而木头收藏柜也藏着许多小惊喜！

　　爬上二楼后，右手边是两个双人房构成的四人空间，两间紧紧相邻，第一间有一张双人床，铜床头和蚊帐是以往主卧室的规格，圆形的座椅很适合休憩。大片窗户可俯瞰花园和玻璃屋，说是最好的景观也不为过。四人空间的第二家有两张单人床，窄窄的床头柜很复古。床与床之间有舒适的地毯，靠墙的化妆台很有细节，从前阿公养鸟的笼子成了最好的装饰品。头顶上的V形榫接结构非常值得一看！

　　如同房子周围生气勃勃的草木，来自世界各地的旅客和热情的林家人，让老房子一开始就不孤单。保存先民的生活轨迹，也守住了一甲子的珍贵回忆。在热闹的大街旁，老林居如坚守岗位似的，温和地收藏一段可掬的时光。

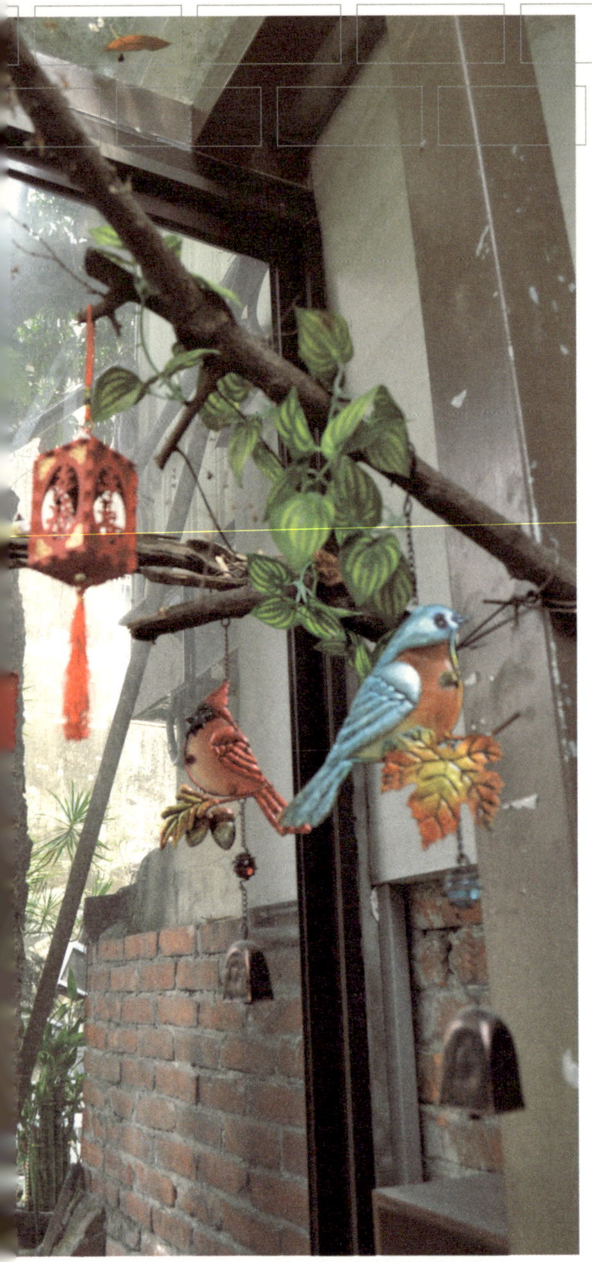

旅游作家Pico Iyer："只有透过停止移动，你才能看清要往何处去；只有透过暂时离开你的生活和这个世界，你才能看见自己最关心的事物，然后找到一个家。"将移动视为是珍贵的恩典，它让我们能够体现许多祖父母不敢奢望的梦想。

旅人在台南旅行时，不妨找另一个家吧。

地址：台南市中西区海安路二段305巷
电话：0919636296
网址：http://rollinginn.blogspot.hk

吾宅

Wu House

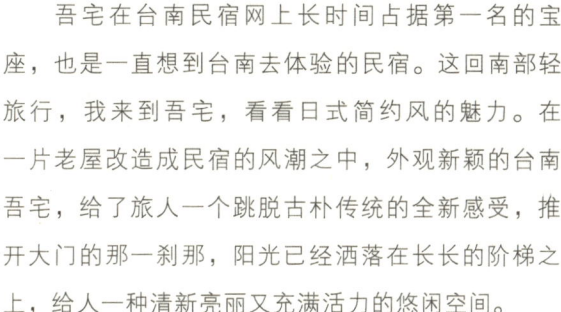

　　吾宅在台南民宿网上长时间占据第一名的宝座，也是一直想到台南去体验的民宿。这回南部轻旅行，我来到吾宅，看看日式简约风的魅力。在一片老屋改造成民宿的风潮之中，外观新颖的台南吾宅，给了旅人一个跳脱古朴传统的全新感受，推开大门的那一刹那，阳光已经洒落在长长的阶梯之上，给人一种清新亮丽又充满活力的悠闲空间。

　　隐蔽的吾宅，同时具有低调的建筑风格，却是出自名建筑师毛森江之手，将清水模与洗石子融入外观设计，借用自然光影烘托室内空间情境照亮满室，搭配台湾冷杉、桧木等建材自然而散发着木质芬芳气息，仿佛是会呼吸的建筑，展现独树一格的日式环境设计。

他的风格承传自日本国际级大师安藤忠雄。安藤忠雄除了早期的作品外,其他全部都是以清水混凝土表现,使得清水混凝土成为安藤忠雄个人特有的建筑风格。所谓清水混凝土,是利用高磅数的强力水泥,一次浇灌而成,拆模完成之后不需再加油漆粉刷或是贴上磁砖、石材等外墙材料,墙面上还会残留着模板螺丝的圆孔,给人一种简约质朴的感觉。

吾宅共有五层楼,一、二楼是主人家自个儿居住,三楼以上则作为民宿开放给大家居住,因此民宿管家带我们从旁边的小门进入。一进入小门,就是一个长长的阶梯,这已经是吾宅相当有特色的景观,但这可不是单纯为开设民宿而架设,而是建筑师一开始的巧妙设计,让这看似不甚透光的建筑透过侧边的长梯通道采光,使得光线从上而下地洒遍整栋建筑。

当我们走进位于三楼的大厅,映入眼帘的是让人眼睛为之一亮的宽敞空间。开放式设计的和室,搭配着白色的沙发,和洋的混搭风,给人一种清新脱俗的感觉。隐藏在大片落地窗之后的,则是两层楼高的水瀑,看着潺潺流水缓缓地顺着石壁而下,旅途中的疲惫仿佛也被洗涤一空。

　　吾宅有五个房间，全以日本地名命名，宫崎流露出动画大师宫崎骏的纯真童心，可爱的龙猫淘气地跳进墙里；冲绳里绽放的扶桑花，像是徜徉在艳阳夏天的热情岛屿上，东京展现出日式的简约风格，北海道里摇曳的紫色薰衣草映照着北国风情，京都则是拥有独立的日式庭园的传统日式和室。这次我们住的是宫崎，房内布置素雅简洁。因为宫崎是日本动画大师宫崎骏的故乡，所以宫崎房内最重要的就是宫崎骏经典动画龙猫的可爱壁贴，让整间房都充满了纯真与童趣。虽然房间不大，但吾宅努力地将房间变得很舒服，像这房间的角落就相当不错。

地址：台南市安平区怡平路140巷19号（台南市建平路与府前路交叉口）
电话：0977014625
网址：http://wuhouse9999.pixnet.net/blog

值得一提的是民宿提供开放式厨房。厨具配备相当齐全，可以一大班朋友制作些简单的料理，如果买宵夜回来也可以在这儿吃，这样就不怕房间中飘散食物的味道，好有自己家的感觉喔！厨房中摆设的假樱花树，让整个空间都明亮了起来。

清晨可以起个早，静静地坐在优雅的日式庭园中，感受一下南国的惬意。早餐在宽敞的客厅享用，中式早点是主人家自己制作，西式早点则是和附近的早午餐店合作，特别请他们外送，我们当然各点一份，不得不说，主人家自个儿做的台南碗粿真的好好吃喔，豆腐狮和苦瓜都爱不释手。

隐身在静巷中的吾宅，低调中带点豪宅的奢华，静谧又透彻的空间，满是惬意跟自在，跳脱了时下的风潮，给旅人一个虽然短暂却能安心的空间，我想，只要住过的朋友，都会深深爱上这梦想中的家。

房价

房型	人数	平日价格	假日价格
北海道双人房	2	2500 NTW	3000 NTW
冲绳双人房	2	2200 NTW	2800 NTW
东京双人房	2	2200 NTW	2800 NTW
宫崎双人房	2	2000 NTW	2500 NTW
京都A+B四人房	4	4200 NTW	5000 NTW
亲子馆-公主家家酒	4	3400 NTW	4200 NTW
亲子馆-我是航海王	4	3400 NTW	4200 NTW
亲子馆-彩虹溜溜溜	4	3400 NTW	4200 NTW

星级评价 ★★★★☆

荷兰井涌泉民宿

Bed & Breakfast

　　台南市后壁区的菁寮，依稀可见过往繁华时代留下来的遗迹。信步村中，仍不时可见遗留下来的古厝及三合院，如同走入宁静的角度，这里保留了许许多多台湾早期农村的建筑与生活，这里的民家还保留了大部分的木造与土方建筑，如有百年历史的菁寮国小，而菁寮圣十字架天主教堂则是这里的著名地标，以其独特的金字塔锥形建筑独霸一方，老街上更有许多的木造街屋老建筑，是个值得深度旅游的好地方。

每次来到这地，就想起这家民宿——菁寮荷兰井涌泉民宿。位于冠军米故乡后壁区菁寮老街荷兰井旁，这家民宿是黄永全先生所经营，黄先生累积20多年小区工作、导览经验，是无米乐菁寮庄社造规划文史工作室执行长。于2009年开始筹资规划，将荷兰井旁黄家百年老三合院承租下来，打造成极富台湾早期农村气息的民宿。

荷兰井涌泉民宿是典型的三合院建筑，每一间客房依原有建筑格局略有差异，但全是通铺房，卫浴全都在外头。南台湾的夏天阳光耀眼，为免天气燠热住客难以入眠，民宿全都加装了冷气，让游客在体验传统农村生活的同时，也能舒适好眠。这栋特别的传统古厝民宿，也附设菁寮农村生活体验博物馆，不仅提供无米乐故乡游程和导览，并提供染布、彩绘斗笠、碾米DIY、绑稻草人、草编和挑扁担等体验，也可以品尝农村割稻仔饭。

小旅行，时间上不能说不够，因为这个小小农村并不是太大，但是最好像我们一样能在这儿住上一晚，睡在农村通铺、骑脚踏车在绿色田野间追逐夏天的阳光，然后逛逛老街、与健谈的老人家们聊聊天，来此一游才能不称枉然。

枕头被褥是农村的大花布。夜晚晚睡的人们在此聊天观星，隔天白天在庭院里吃古早农村的趣味早餐，更热闹了。民宿有几项可让旅人体验旧时农村景象的设施。其实，都市人大惊小怪了，走到街上，真有农家老人在路边以类似的方式洗衣。

夏天来到菁寮村最好，穿着短裤、T恤，戴着草帽，骑着脚踏车驰骋于绿油油的稻田旁，暑气虽炙热，却也有凉凉的风吹来，天气总是非常美好，湛蓝天空下有金黄阿勃勒与粉丽娇艳的荷花绽放。

中午时分肚子也饿了，到附近一整片绿油油稻海旁的幸福花园，享用割稻仔饭，这是由"稻稻来"的小区志工妈妈准备的，好丰盛好美味。割稻仔饭是传统台湾农村风味餐，体验早期割稻时农夫坐在田埂边吃大锅饭，一个碗、一双筷，盛饭夹菜自己来，饭菜香中充满浓浓人情味。特别是用古早饭桶盛装的米饭，正是冠军米益全香米，吃一碗无敌美味感动热泪白米饭。无米乐小区真是有米也有乐，来到后壁体验、做客、寻味，缤纷多元的农村再生体验，分享当地食材，走入农村生活文化的小旅行。

民宿Info

地址：台南市后壁区菁寮里129号
电话：0931-033700
房价：通铺客房900NTW/人（含早餐），周五、周六、假日、夏秋季1100NTW

屏东县垦丁夏日游

炎炎夏日,出发到位于台湾全岛最南端的恒春半岛吧!三面临海及典型的热带气候,造就得天独厚的自然地理条件。最后一站的垦丁HIGH到最高点,香蕉船、浮潜通通玩得到。离去前别忘了买点特色伴手礼,例如红仁鸭蛋等,这趟有阳光、有海水、有美食的超满足之旅,实在愉快到爆点啊!

大鹏湾:搭船登蚵壳岛

大鹏湾保存了丰富生态,除了有红树林与招潮蟹之外,根据统计的鸟类就有28科95种之多,常见的有红冠水鸡、大苇鹰等,主要栖息地域可分水域、泥滩水,光是到此赏鸟就值回票价。此外,大鹏湾在日据时代可是水上飞机训练场,昔日军事重地坑道密布,值得一探。

当地红树林的水域宽广,风平浪静,非常适合登船游湾。徜徉其中,下方尽是招潮蟹出没,观赏丰富的生态可是一大乐趣。而最有趣的行程莫过于登蚵壳岛了,原来,这里昔日是东港大型的牡蛎养殖场,数十年来养殖户将蚵壳往湾里丢,居然叠成一座小岛,小岛上竟然还卖蚵仔煎,感觉超级另类。大鹏湾一旁的自行车道可观赏小潟湖,视野绝佳,周遭还能观察到红树林的湿地生态。

车城乡:置身名泉御汤

以温泉出名的四重溪,曾与北部名泉并列为四大名泉,此地因拥有终年不绝的温泉而得名,现今仍可感受到温泉村的景致,到处可见温泉会馆,各种建筑风格如南洋风味、山野趣味等,选择让人目不暇给,也可顺道一玩附近景点如石门古战场、牡丹水库等。

其中最知名的清泉温泉名所,就是四重溪温泉的起源,也是历史最老的一家温泉旅馆。当年日本昭和天皇曾到此度蜜月,当时还特别赶建一间亲王专用浴室,至今仍保存完好。清泉保留了日本名泉的外观与花园造景,加上亲王在此度蜜月,让四重溪更添温泉味。四重溪当地也提倡养生清淡的料理,像和风洋葱鲔鱼即选用当地车城洋葱,或者当地海边礁石捡取的彩虹鹿角菜,口感爽脆,是当地最常见的风味菜。

想选伴手礼,车城的福安宫后集聚了许多红仁鸭蛋摊,但据说有些并非车城本地生产。别忘了指名选购当地的潘氏农场,主人潘旭皇在溪流边养了一群野放鸭,产出的蛋黄饱满红润,并以本产的红泥调水及盐古法腌渍,一切开,红润度跟一般的就是不同。

南保力:亚洲最大海底隧道

建议停留4小时(南保力下车,换乘垦丁街车约5分钟可达)

海洋生物博物馆内有丰富的水中生物展示,具体展现台湾水域生态环境,共分有台湾水域馆、珊瑚王国馆及世界水域馆。入口处就有拟真的大翅鲸与幼鲸跃出水面,栩栩如生。台湾水域馆以有趣的方式介绍台湾河口、潮间带等,有各种奇特的鱼类让小孩子探索。

恒春:饱尝古城名味

垦丁除了有热带阳光之外,恒春同时也是近百年的古城,虽然城墙多半毁坏,但很难得地保留了完整的四个城门,由于已经是清光绪年间建立的,还被列为二级古迹。

台湾好行的恒春站停留在恒春小镇的中心,逛完古城墙后,可以顺道品尝恒春镇的小吃美食,先来到随时放着古典小调的董娘的店,点一个招牌**焢**肉饭,卤到不油不腻,再搭配以恒春特产蔬菜烹调的小菜,与董娘老公自己制作的手工客家豆腐,简单却让人回味无穷。

想吃海鲜,可选择内行老饕打牙祭的鲜鱼客栈,只要客人指定预约菜色,老板达哥就会出海抓鱼,保证都是海鱼的质量。达哥也推荐几道当地特色料理,如雨来菇、珊瑚菜和倒吊鱼,都是别处少见的精致料理。

伴手礼时间则可考虑大排长龙的小杜包子,以各种与众不同的口味闯出名声,包括培根香辣狮子头、吉士包、洋葱烤肉包、泡菜肉丝包、麻**糬**红豆包等,而且仍持续研发中,每种口味都非常特别,果真是名不虚传的包子店。

南湾：漫步热情金沙湾

到了垦丁，南湾沙滩绝对非去不可，这里有太多诱人的元素：比基尼辣妹、帅哥猛男，加上刺激无比的水上活动，气氛HIGH翻天，让南湾海滩一到夏天就热闹滚滚。

南湾海岸线长达600米，沙质柔软且洁净，太阳照射之下有如金沙闪闪，又称为"金沙湾"，而靠近南端海域的位置拥有丰富的海底景观及珊瑚礁群，聚集了大量的热带鱼及海底生物，建议下水去浮浅，或进行海上活动，又刺激又尽兴。

垦丁：社顶部落探秘

到垦丁除了逛大街夜市外，避开人潮到附近较少人知的咖啡店、茶馆，或是海捞海鲜的小店，更能深入当地人的生活，也能感受慢活垦丁的另一面。离垦丁大路不远的社顶部落，一向是较少人知的部落景点，目前有推出日间生态探索、梅花鹿寻踪以及毛柿林探秘等路线，同时重现怀旧的木炭窑，喜欢生态的人可别错过。

榖色榖香则是当地人才知道的茶馆，女老板以身体力行支持小农主义，推动绿色商品，并以万丹红豆、都兰花生和恒春有机地瓜为素材。吃着手工麻**糬**，简简单单却令人回味无穷，女主人也有提供空间让客人品茶喔！也可以选择到沙滩小酒馆品味一下人气最旺的酒香铁板冰淇淋，冰淇淋放在热烫的铁板上，再倒入红酒，是一道十足花俏的甜品，非常适合垦丁的。

海鲜瘾犯了，避开大饭店，到当地龙虾坤海产店吧！老板吴荣坤号称龙虾王，抓龙虾长达卅多年。店内招牌的野生小龙虾滋味鲜美，无论是生米熬煮的龙虾粥、或搭配味噌的龙虾汤都是极品。另外七星蟹、弹涂鱼都是经验老到的渔民才抓得到的海味佳肴。

台南市周边游

台南有着大量自荷据时代、郑成功时期保存下来的景点，走在这座现代与传统并存的城市内，能感受到其散发的独特韵味。台湾好行的安平线穿梭了最有名的台南景点，让人能依序浏览郑成功、荷兰人当年的历史，在古迹中想象过往。逛完后顺便吃最有名的台南小吃，一趟下来，有了知识又有美食，来台南旅游总是那么幸福。

大观音亭兴济宫：祈福赏古庙

建议停留20分钟。

从台南公园来到了距离两分钟的兴济宫，能感受到虔诚的台南人对神明的敬畏之心。兴济宫于荷兰人占领台湾时期即已兴建，迄今已有300多年之久，庙宇建筑精美，为台湾观音佛祖与保生大帝著名的信仰中心，无论在建筑结构或历史古迹上，都值得细细观赏。一走进大门，即可看到生动巧思的精雕龙柱，此为清同治年间难得活泼的作品之一。正门的门神上画的则是秦叔宝和尉迟恭，用色以青绿、朱红为主，金边勾勒，出手自名家陈寿彝，显得神采奕奕。另外两侧门上的36名官将，据说是保生大帝的文武将，每名将官的表情各异，姿态也不同，细节变化上非常有趣。

县知事官邸、延平郡王祠：一窥珍贵古物

建议停留50分钟。

优美的砖造建筑台南县知事官邸，创建于1900年的古迹，是日治时期南台湾最高权力者居住的所在地，也是当时日本皇族来台，具有行宫性质的"御泊所"，意义与众不同。

然而真正值得下车一游的是延平郡王祠，为全国最早，也最著名的郑成功祠。祠中收藏许多古文物，包括珍贵的沈葆桢手书。东西两庑陈列郑氏部将牌位、仪仗等，庭中的两棵古梅是郑成功亲手所植，已有300多年历史。

巴克礼公园： 沉醉绿色乐园

巴克礼是连不少台南人都不知道的公园，这里原本是荒芜的垃圾公园，在一群默默流下汗水努力经营的团体与志工共同打拼下，蜕变成众人惊艳的绿色乐园，园中聚居着不少具教学价值的动植物，适合父母带着小孩子一同前来戏玩。

孔庙、赤崁楼： 品味古建筑之美

建议停留90分钟。

孔庙不只是台南的地标，更是台南人的精神所在。朱色建筑的孔庙，与百年老树相相并排，展现出百年历史的气派。最令人称奇的是中心的大成殿，因殿中没有柱子和回廊，只以厚墙外的排梁支撑着，结构特殊堪称中国古建筑的又一代表。平日台南的学生们会来这进行校外教学，纵使时光流转，依然传出悠悠的朗读声。

逛完孔庙后，建议走路约10分钟，就能抵达闻名的赤崁楼。这座楼由荷兰人所建，早期的汉人称荷兰人为红毛，所以也把这座城楼叫做"红毛楼"。这里有全国最壮观也最具特色的石碑群御龟碑，由乾隆写了五篇诗文，并以满汉文刻制于石碑来纪念"林爽文事件"。另外其屋檐为华丽的歇山重檐顶，向外的起翘弧度相当优美，仿佛鲤鱼翻跃一般，生动又活泼。

亿载金城、安平港滨历史公园： 感受悠闲风情

建议停留1小时。

亿载金城源于"牡丹社事件"，当年的日军犯台事件，钦差大臣沈葆祯奏请朝廷架设仿西式的炮台获得批准，延请法国人设计，这种西式的炮台可是台湾的第一座，可是非常时髦。亿载金城的外观气势磅礴，外方采西洋式红砖建筑的拱形城墙，并引进海水为护城濠，走进墙内首先见到宽广的草地，早期是用来操练军队的，城墙上设有方形炮台，以利远攻。建议走10分钟路程到安平港滨历史公园，可望见安平海港上的粼粼波光，坐在宽广的草皮上感受一下台南的午后时光，体验府城独特的悠闲风情。

安平古堡

台湾城又称王城、赤崁城、安平城。原为荷兰人于1624年所建，明崇祯七年（1634年）完成，初名奥伦治城，后改名热兰遮城，早期汉人称荷兰人为红毛，所以把这座巍峨的城称为红毛城。台湾光复后，称为安平古堡，沿用至今。荷兰时期，台湾城是统治台湾的政治及经济中心，明朝至清朝时期，鉴于台湾城已失去军事价值，大量拆除城砖加以运用。日治时期，为了建造安平海关宿舍，台湾城残迹被夷为平地，并在其上重建方形台阶式的砖砌高台。台的中央盖起拱赤崁城式的洋楼建筑，这便是后人熟知的安平古堡。

Chapter 4

中部
南投 / 嘉义 / 台中

新社熏衣草森林　Lavender Cottage

　　除了让旅人一夜好眠，每家民宿都有特殊的故事、温馨的空间，两者交织出简单的幸福，就是民宿的魅力。而薰衣草森林的故事更令我十分感动。

　　民宿创办人之一林庭纪说：我觉得，常常让脑袋放空，把抓在手里的东西放下，才有空间放幸福进来。如果水杯一直是满的，倒进再好的东西都会溢出来。薰衣草森林刚好可以让大家暂时放空，放幸福进来。

　　这十几年，台湾社会都在找寻日常生活的"幸福感动"，而引领这个"小确幸"风潮的，就是十二年前开业的薰衣草森林，可惜另一位创办人詹慧君在2003年病逝，但梦想仍在飞行。

　　薰衣草森林的可贵之处，不只是两个女生为圆梦努力所获得的成功，更重要的是成功背后引领她们前进的信念。很多人认为薰衣草森林的成功在于赶上香草与休闲产业的潮流，但潮流往往起伏摇摆不定，若不是坚定的信念指引，很容易因为一时的成功而自满迷失，这从薰衣草森林周遭同构型咖啡店起起落落的情形就可以印证，若只是为了赚钱，往往就会自我设限。

因此成功并没有让两个女生懈怠下来，虽然现在熏衣草森林聘用了许多专业的经营人员分担了慧君和庭纪许多的工作，她们已不须再像刚开店时那样为店务日夜操劳，但她们仍然投入更多的时间在各自的香草专业领域中学习与开发，让紫色的梦想能够继续成长茁壮。

就是以上的故事，我就决定住上一晚了。在我们进房前，亲切的管家就先跟我们说明，在香草HOUSE，总共只有四间房间，都是双人房，而公共空间做的比客房大很多，原因无他，就是想让这个HOUSE像你我平常生活的家一样，希望房间只是个休息的地方，客厅才是大家共同生活的区域，让住在这里的房客可以与这座屋子有更多的互动。

我住的房型是：旅人·回忆。推开房门，温黄的灯光，又是一个简单利落的空间，真的不算大，小巧得刚刚好。虽然比起以前住过的缓慢，房间还要小上一些，但那股浓浓的简单，就是幸福的感觉，一直在我心中。房里洁白的墙，只挂上了香草HOUSE主人雯雯所拍回来的摄影作品，很有风味，如果你也是爱摄影的旅人，那你也会沉浸在那相片里的景物中，分享的就是女主人曾经的旅行回忆。

除了住宿外来到熏衣草森林，旅人可以认识各式各样不同种类的花草，还可以品尝以花、草为食材的料理，让到访的游客可以轻松于此悠闲品尝享受美食并体验与大自然融合为一的生活。

　　在园区内有规划香草市集以出售许多不同味道的香料及真正的熏衣草盆栽，让到此的游客们可以选择喜欢的熏衣草商品。另外，在园区内步道尽头许愿树上挂满了许愿卡，听说将自己的愿望写于许愿卡上再藉由许愿树的力量予之实现，目前许愿树在熏衣草森林最受每位到访的游客欢迎，特别在熏衣草森林内是最为难得的体验。

　　当您有机会来到台中新社，别忘了到此造访一趟，享受熏衣草森林内的芬多精或吸收清新扑鼻的熏衣草花香，彻底地放松身心。相信这趟极具休闲又健康的旅程会令您印象深刻，陶醉不已。

香草HOUSE进房时间：下午二点　退房时间：早上十点

● 只有四间房间，每间都是双人房型
● 薰衣草森林有专属房客的停车场
● 在入口处告诉是房客并提供数据即可免费入园
● 如果香草HOUSE的主人或管家不忙，会到入口处接待你们
● 入园后会爬一段小坡
● 香草HOUSE只提供早餐，晚餐可至薰衣草森林付费用餐，六点半前可点餐（或者你可以自备食材，在香草HOUSE的厨房里简单料理晚餐）
● 香草HOUSE房间没有电视，客厅也只有一台投影机可以看DVD

民宿Info

地址：台中市新小区中兴街20号
电话：04-2593-1314
网址：http://www.lavendercottage.com.tw/zh-tw/house
Email：house@lavendercottage.com.tw
房价：只有4间双人房，平日3800NTW，假日4800NTW

星级评价 ★★★★★

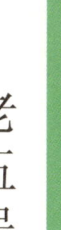

Old Five

老五民宿

　　位于南投水里的上安村，朴实静默地守着青山绿意，倚着玉山山脉。老五民宿为二层楼典雅木造建筑，黑瓦白墙带着些许和风，周遭绿意是老五民宿最大景观卖点，被誉为台湾十大民宿，是富有生态意识的山中旅店。

　　老五民宿原是在自家农地兴建的茶馆，这座茶馆最初只是想作为与朋友共享的品茶空间，没想闻讯而来者愈来愈众，便很自然发展成了茶馆中的民宿。

　　民宿门口外满是南瓜，而建筑上尽是明亮的窗户，巧妙地借用了自然光线，在这里真的很舒服。体验山居生活，山村有机农场的巡礼，不管是夜探生态或养生梅子餐，或是呆呆铅笔制作，只要用心体验就能够得到感动。

　　生机盎然的自然庭园，走过小桥绕过小径，这是小时候让人怀念的自然万物，一起与失落的童年相遇吧。在每个角度去欣赏老五民宿的建筑风格都是一种享受，凋零树枝在建筑前，还以为夏冬季节错乱了呢。就像是在自家一样的悠闲，走廊下的座椅桌垫亦是蓝染的作品，坐在小学座椅上发呆似乎也是不错的选择。

　　自然的庭园造景，没有太多人工的感觉，把这里点缀得刚刚好。民宿排出来

　　的水都是靠这里的生态池来净化，净化后的水才由这排放出去，所以在生态池里看得到鱼虾，还有附近的鸭子来这里偷吃！就因为这里都有兼顾生态，所以不时可以看到很多昆虫及动物来造访，是亲子教育的理想地。

　　日式风格的建筑，和天空的院子有很多相似的地方。大厅及餐厅设在一楼，房间只能经由大厅楼梯上到二楼，因为整个庭园也不小，又有生态池，所以这里也很安静、舒适、很放松的感觉。大厅外的摆设，包括水里邮局模型、长板凳、伞架、垃圾桶都是手作木制品，可以慢慢欣赏。比如板凳，虽然好像是拼起来的感觉，却有着俭朴实在的风格，门口和餐厅前摆的椅子造型都大不相同。

　　大厅的开放空间,在这里的茶具、书本杂志都可以取用。这里没有电视,只有庸懒的感觉,今天晚上就在这泡茶、小酌话家常吧!

　　客房光线充足,可远眺山景,每个房间窗外满是绿意,几净窗明,宁静舒适。房间的走廊很干净,就算倚在栏杆也是一种享受。另外房间都以这的生态来命名,我们住的是马口鱼,其他还有猫头鹰、萤火虫、小雨蛙、独角仙及小白鹭。进门吸引目光的是手工木作桌椅,因为房间的窗口够大,洒进来的光线配上迎面扑来的家具的桧木香让人整个放松了。简约的风格是个很适合思考、阅读或谈心的地方,就算躺着也是带着幸福感。

　　餐厅名称叫安之居,也可以选择在户外用餐。整间餐厅很干净,用餐环境也很舒服,可以慢慢享用!晚上的感觉很典雅,有种古色古香的味道。

　　这里的员工很幸福,以工换宿的方式住在这么高档的宿舍!

　　老五民宿在附近的台21在线开了"冒烟的馒头店",除了自制的手工馒头外，还结合了各种有机产品及当地农夫栽种出的新鲜蔬果产物，在这里，早餐可以吃到所有的口味。晚餐的菜色虽是家常料理，看似平淡，其实都结合附近的农民种植的有机蔬菜，我们很爱这样的菜式，特别是大伙难得聚在一起！

虽然已是早晨，月亮依旧高挂，松树和月亮的组合仿佛是国画里夜晚的画面，出现蓝天之下，有种不搭界地时空错乱感！老五民宿应该也是这种味道吧！

而早餐是采自助餐式，菜式不多，每一样都是上上之选。有黄金豆浆、紫米粥、有机生菜色拉、配上冒烟的馒头及水果，简单的几种样式谱出不同凡响的好滋味。这里的豆浆是特制的，喝起来暖乎乎、香喷喷及浓浓的幸福在里面，没人说不好喝的！这里的角度和房间的窗边一样，在这用餐感觉到无比幸福喜悦！

离开时，我内心祝愿老五民宿为更多旅人提供一种大自然的慢活步伐。

民宿Info

地址：南投县水里乡上安村福田路29号
电话：049-2821005 049-2821005
网址：http://www.oldfive.com.tw

房价

平日（周一至周四）、旺日（周五及周日、赏梅季、寒暑假周一至周四）、假日（周六及连续假日）

房型	坪数	价格
萤火虫4人房 双人床2张（可加1床）	11.5坪 （含小客厅、卫浴）	假日 6000 NTW 旺日 5800 NTW 平日 5600 NTW
马口鱼4人房&猫头鹰4人房 双人床2张（不可加床）	8坪 （含卫浴）	假日 5600 NTW 旺日 5400 NTW 平日 5200 NTW
独角仙2人房 双人床1张（可加1床）	8坪 （含卫浴）	假日 3600 NTW 旺日 3400 NTW 平日 3200 NTW
小白鹭2人房 双人床1张（可加1床）	7坪 （含卫浴）	假日 3600 NTW 旺日 3400 NTW 平日 3200 NTW

为响应环保，需请朋友们自备盥洗用具，并欢迎自备环保碗筷餐具，一起爱护地球。

▲服务内容包括

1.早餐、晚餐两餐。
2.住宿一晚（请自备盥洗用具、防蚊药品）。

《第一天下午行程》

a. 登山步道，鹊桥赏景（此为自导活动，需请朋友们自行前往）。
b. 梅枝铅笔DIY（此为自费体验，每枝60元）。
c. 14:30~15:30 进房 check in 时间（请于15:30前check in）。
d. 16:00~17:00 与民宿有约的运动时间（健康慢跑、乡村漫步）。
e. 18:00梅子风味晚餐，素食朋友请先行告知。
f. 19:30夜间生态导览（若有小手电筒，可自备使用）。

《第二天上午行程》

g. 8:00健康活力早餐。
h. 9:30香菇农场参访（认识香菇栽种及生长）。
i. 季节采果乐，采果日期及种类需视当季水果成熟度而定（3~4月青梅采果，脆梅DIY、5~6月高丽菜、6~8月夏季葡萄、9~10月日本甜柿、11~1月秋冬季葡萄）。
为让朋友们可以享受夜晚山村生活的宁静，请在晚上10点半过后保持安静。

星级评价 ★★★★★

阿将的家

Bed & Breakfast

你对阿里山的印象只有好山好水好风景吗？那我强烈推荐你一定要到"阿将的家"走走，一处连日本巨星福山雅治都专程来访的秘境，身为旅游达人的你还没来过可就落伍了！

曾经，台风摧毁了阿将的家园，但他并没有因此被击倒，而是运用自己曾在快艇公司学习到的技能盖了一栋避难屋。

以这栋避难屋为起点,阿将开始酝酿他的梦想,一个打造出宛如从前邹族部落般温馨的家园的梦想,利用搜集多年的素材融合邹族元素一栋一栋地开始徒手建造,经过了几年的时光才渐渐有了现今的规模。

走进阿将的家,放眼所见全都不假他人之手,也许令人感到不可置信,但在阿将的家你确实能感受到这里的建筑和人们所散发出的温度。

进了大门还走不到两步路,我的目光就被这群小猫给俘虏了。原来阿将一家也同为爱猫人,不但收养了好几只猫咪,还帮猫咪们盖了一个豪华的猫部落。

猫部落的功能不只是让猫咪们遮风避雨,仔细一看猫部落里竟然还有每只猫专属的床位,这也太幸福了!

此时,低头专心烤着香喷喷超诱人的猪肉的阿将,正为了我们午餐的菜色忙碌中。在炉子上不断滋滋作响的分量十足的烤猪肉,待会全都是要用来祭我们的五脏庙的,实在是令人太期待了!我们一群人坐在小屋中边听阿将说自己的故事边闻烤肉香。

庭院两旁似乎是民宿区,以石头堆砌而成的独栋石屋门口挂了"石头屋"的小牌子,原始质朴的风格看起来是不是有点像《魔戒》里的哈比人的家!另一个角落是充满绿意的氛围加上工业风的素材,让人好像走入了宫崎骏的动画场景一样。

阿将的家里头大部分的建筑都是以石头堆砌而成,入口处猫部落旁的这座凉亭也不例外,全是阿将

的心血结晶，每一处都值得细细品味。入口处下方这块堆起了大石头的空地视野极好，阿将说那是规划中的露营区，以后想到阿里山露营的朋友又多了一个选择。

你可以不住他的家，但想来阿将的家用餐的话，一定要记得先预约！而且阿将的家仅提供晚餐时段，餐点的部分以套餐的形式呈现，每人390元。

色泽美丽的原木屋顶，舒服的自然采光，玻璃桌面底下的木头有着岁月的痕迹，整体布置别有一番风味，无需怀疑，这个宽敞舒适的用餐空间也是阿将亲手建造。

page 153

刚刚令人垂涎三尺的烤猪肉上桌了！菜式有尺寸特大、口感酥脆的马告溪虾、平时少见的刺葱蛋、蔬果色拉、三杯鸡和炒高丽菜，食材都很新，味道也不错，尤其是烤猪肉搭配旁边的山葵胡椒盐超对味！

用餐完毕我们来到23咖啡馆，关于23咖啡馆，有着一段浪漫的故事，将嫂在23岁那年嫁给阿将，结婚多年一直觉得阿将是个不浪漫的男人，直到结婚满23年的时候，阿将亲手盖了这座咖啡馆送给热爱咖啡的她，"23"对他们而言也成了一个充满幸福的数字，便以此为咖啡馆命名。在现场听阿将说这段故事的时候，只见将嫂在一旁露出腼腆的微笑，幸福感十足。

大部分的人只知道阿里山的茶叶有名，殊不知阿里山的咖啡其实也很棒！这趟三天两夜的旅程也喝了不少阿里山的咖啡，味道可是不输古坑咖啡！23咖啡馆提供的咖啡不但是现磨，还是自家栽种、自家烘焙的，喜欢喝咖啡的人一定要试试！

走进23咖啡馆可以感受到将嫂的细心布置，随处都有的小摆设，让阿将盖的这栋石屋更添温馨气息。客人留下的画作也成了阿将的家里头美丽的风景。

23咖啡馆不只提供咖啡，也有米松饼可以选择，有注意到MENU最下方的邹族麻糬DIY吗？ 都来到阿里山了，怎么能不体验一下邹族的捣麻糬呢？！原来一讲完咖啡馆故事就神隐的阿将就是为了接下来的活动准备材料去了。

不是要捣麻糬吗？ 阿将怎么拿着一锅地瓜饭出现？原来这是我们要捣麻糬的材料。看着阿将和将嫂的轮流示范，大家也玩心大起，每个人都捣了几下，很快就可以品尝。

地址：嘉义县阿里山乡乐野村四邻129-6号
电话：05-2561930　0933-683420
网址：http://www.ajong.com.tw

　　捣好的麻糬口感又黏又Q，蘸着黑糖一起吃最对味！大家忙着品尝麻糬，东西都还来不及收，山区就降下了午后的大雨，一群人只能躲在23咖啡馆里面，从咖啡馆的门口往外望去，阿将的家在雨中也别有一番味道。

　　想寻访阿里山上的私房景点吗？我真心推荐你来阿将的家走一趟，喝杯咖啡、住上一晚，和热情的阿将、将嫂聊聊，听听他们的故事或是亲自动手体验邹族麻糬DIY，肯定让你体验到阿里山之旅不同寻常的人文风景。

房价

	定价	平日	假日
石头屋／独栋二人房	3600 NTW	3200 NTW	2800 NTW
船屋／六人房	6800 NTW	6200 NTW	5500 NTW
野百合／双人房	3600 NTW	3200 NTW	2800 NTW
紫牡丹／二人房	3600 NTW	3200 NTW	2800 NTW
枫香树／独栋七人房	8300 NTW	7500 NTW	6500 NTW

星级评价 ★★★★★

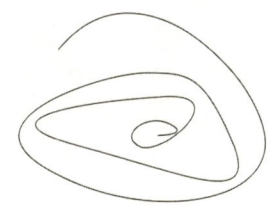

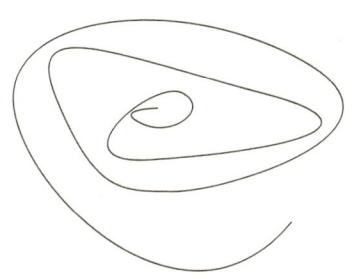

天空的院子

Sky Yard

旅人，有否想过跑去山头上，住在一间小建筑中，吸收大自然的新鲜空气，听林中小鸟的鸣叫，还有屋旁小溪传来的流水声。住上几天后，犹如山林隐士，便重拾了城市人失落已久的清静生活。

度假，对我们来说，是一个魅力非凡的词语。每每提起它，脑海中便瞬间有一幅在山水中漫行舒畅，异国他乡的人文风景。

近年来台湾的创业浪潮风起云涌，创业的团队、人才往往选择市场大、人脉网络密集的大都市群聚。然而，却有一个人毅然选择离开热闹多变、资源丰富的都市，来到距离台中市区有一个多小时车程、海拔超过800米的南投县竹山小镇创业，与志同道合的亲戚朋友翻修一幢幢陈旧的老房子，经营特色民宿，开设以探索永续的文化创意发展经营模式的公司小镇文创，为竹山这个原本乏人问津、旅客趋于零的小镇带来一年十万的人潮。

社会企业小镇文创及特色民宿天空的院子的老板何培钧，近年来积极以许多当地创新的实验，试图让青年回流、提振当地经济，从行动中一步步地形塑竹山的新貌。由于以上的原因，它的故事引起我的好奇心，我去住了一个晚上。

老式的三合院被充满创意的年轻人赋予新生命，竹片混合制成的墙，旧有被岁月洗涤过的红砖，特意挑选的日式瓦片，这家位于南投县竹山镇充满时代感的民宿，让游客愿意经过崎岖山路，上山至此体验住宿。

这里曾经破旧不堪，但两个年轻人凭着一股热血，放弃医生工作来到这里待了一年，一点一滴用自己的双手，不够钱就贷款，不够人就自己来，不够专业就自己在挫败中一次次地学经验，只为了让老房子重生，让更多人可以分享这一份属于天空的院子！

这里是可以让人放松、心灵沉淀的地方，没有电视，没有冷气，没有餐厅，除了虫鸣鸟叫、鸟语花香以外，还有满天星空，以及夜间的小精灵会提着小灯笼偷偷来探望你们，有月光、微风，即使这里什么娱乐也没有，你的心灵依旧会感到富足不已！优美可人的景致总是令人愉快，兴致勃勃。我就是这样乐悠悠地在这森林中徘徊游荡，不时停下来凝视观察草地上的一花一草。

让我们学习着与老房子一起呼吸，缓慢地配合着大自然的节奏，享受这一刻的美好！院子的后花园是我最喜欢的地方，这里真的绿意盎然，生态蓬勃，很有生

命力的美丽园地。来这里只要一本闲书、一袋行囊、一派悠闲，就可以抖落俗事的纷扰，远离尘嚣！

民宿房间或许不是新颖的装潢与时尚的设计，却让我看到怀念的时光。简单舒适的房型，相信你也会感到自在，一种回到家的自在。小阳台，在这里，沏一壶茶，感受云朵轻飘、微风轻拂，真所谓：春有百花秋有月，夏有凉风冬有雪，若无闲事上心头，便是人间好时节。

速度，在这个环境中无所谓，看得见身旁的风景才重要。今天明天也无所谓，想太多只是庸人自扰。在普罗旺斯，只有放松，没

有紧绷；说到底，做人何必那么沉重？每日营营役役地上班下班，何不选择过一种适合自己，让自己开心满足的生活？有时，退一步海阔天空，当然了，有勇气向后踏出这一步的人并不多。

民宿Info

地址：南投县竹山镇大鞍里顶林路562之1号
电话：049-2657366
网址：http://www.sky-yard.com

星级评价 ★★★★★

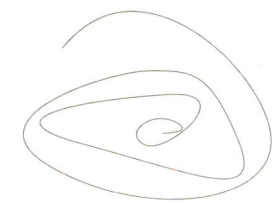

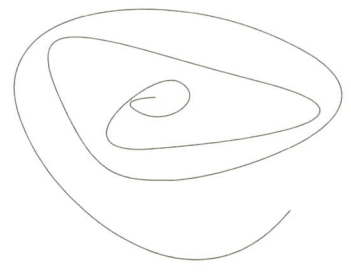

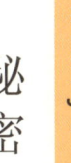

Mimiyo 秘密游

达邦部落，嘉义阿里山乡169县道里的一处邹族聚落。在这处山中桃花源，除可品味原住民艺术之外，优质的民宿也让人乐道。入住其中，坐拥绝美山景，晚上围着火炉吃顿原味十足的烤肉餐，亦让人难忘。

其实想造访达邦部落，是因为Mimiyo秘密游民宿。这家位于169县道约40公里处附近的山中民宿，路程真的让人沿途怀疑；真的是这条岔路吗？走错了吧？怎么路这么小？由169县道转往秘密游，还得顺着指示转往另一条更小的产业道路，通过枫香林、柳杉林、茶园后才能抵达。在天已几近全黑的状况下，真的让人一路忐忑。但这段路，真的非常值得。

page 161

当地邹族人庄苍菁与老婆饶翠霞所规划的这家雅致民宿，坐落庭园中的7间4人房，每一间都规划了观音岩大泡澡缸，以及可眺览山景的木地板小露台，客房内如桌椅、柜子等家具都是喜欢木工的庄苍菁自己做的；房间虽然没有电视，但晚上坐在小露台，抬头便是满天星星，远处也可看到石桌一带的点点灯火，这可比电视好看多了。

其实"mimiyo"是原住民的话，意思是指行走、移动、旅游等的意思，所以名字是这样翻译来的，不过也翻译得很不错又有意思。老板人很好，叫A-Vai，他以前不但是猎人，也是高山向导，还有参加过乐团，够强吧，还有一只可爱的狗

叫Lahu（狗狗的母亲品种是husky，但老板说父不详，哈哈哈，所以算是混血的）。在这样一个地方自己的地开民宿，养一只狗，这是我一直以来的梦想，真是令我羡慕。这里被群山环绕，四周看到的全部是农田、茶园、高山，加上新鲜的空气，真是一个不错的好地方。

民宿的格局成L形，长边是住宿区，短边是餐厅，其他的绿地，是一个长方形的占地，而门口入口处还用石头做成围墙兼种花，石头做成的围墙有像之前去苏格兰时看到的样子。这儿的餐厅也让人眼前一亮，木造的空间，得脱鞋才可入内，室内最吸睛的就是那一座烧柴大火炉；晚餐可由民宿代订原住民风味餐（250元/人），最棒的享受便是庄苍菁以烧柴大火炉所料理的邹族烤肉餐（150元/人）。

在房间内部，老板用了大片的落地窗，不但视野很好，采光也超赞，躺在房间里就可以看到四周的山景，光看到厕所那个样子就已经迷到不少人，在这种地方泡澡真的是一大享受，也不用怕人家看，除非有人站在山的对面用望远镜看，应没有人这么无聊吧，不过怕的人可以把窗帘拉下来的。

在这边可以看到许多老板自己做的东西，杯子、椅子（整个树干切下来的）、灯具、吊衣的架子、饰品等，都是老板和他老婆做的，除了这些东西外，还有做弓箭，打猎用的，弓和箭都是用竹子做的，现在没有什么人打猎了（大多打山猪），所以老板放在那边教住宿的客人如何射箭，在草地上放一个木头给大家当标靶射箭用。

入住的这晚，寒流来袭，我们围着火炉取暖之际，也一边闻香看着庄苍菁料理出一桌好菜，烤猪肉、烤鱼之外，他还炒了一盘自家种的青菜，以及煮了一锅明日叶鸡汤，这餐饭从料理食材开始到吃饭，整个过程都让人觉得好享受。晚餐是请达邦那边的一家餐厅过来煮的，算是当地的风味餐，不但很好吃，还有爱玉甜点，爱玉全部都是自己手工做的，连爱玉果实也是自己种的，不像市场上买的一堆都是加洋菜的，因为太好吃了，我喝了一堆，结果忘了拍照。吃完晚餐，大家还可以围在屋檐下的火堆旁泡茶聊天，老板还会弹吉他唱歌，再加上满天的星星，真是够悠闲的生活。

地址：嘉义县阿里乡达邦村7邻185-2号
电话：0952-165-761、05-2511-378
网址：http://www.mimiyo.com.tw/

　　而早餐是吃传统的稀饭，也有他们自己煮的料理，都很好吃．餐厅的三面全部是大片窗户，不但采光佳，还可以一边用餐一边看外面的风景，吃完早餐后喝杯咖啡达人小于亲手冲的咖啡，果然是人间极品。

　　民宿的后山，有一个老板的秘密步道，其实就是老板开的一条路，走起来像在丛林一样，不太晒得到太阳，也因此较潮湿且滑，走一圈约半个小时，吃完早餐，老板便带着我们去走一圈，也做了一些生态教学。

　　若时间够充裕的话，非常建议同游两地。由达邦往特富野，会经过一座重新整修开放的达邦吊桥。这座横跨伊斯基安娜溪（曾文溪的上游）的吊桥，为特富野古道源头，由此可一路至自忠，森林步道全长6.32公里。

房间不提供毛巾、牙刷，原住民烤肉餐每人250元（需预约）

星级评价★★★★

房价

房型	人数	平日	假日
4人房	2人	2200NTW	2800NTW
4人房	4人	2880NTW	3600NTW

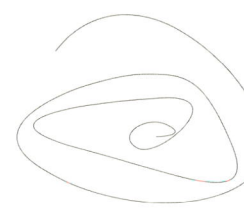

玉山旅社

Bed & Breakfast

在嘉义的日子，老想着要去玉山旅社待着，听听唱片流淌出的悠扬、喝着公平交易的热带雨林咖啡，和老房子一起呼吸。历经一甲子的兴盛衰败又重新拥有新生命的木造日式老屋，是我在嘉义夏日行旅的回忆。

玉山旅社大厅是玉山旅社咖啡，这是共和路周围唯一有卖现煮咖啡的地方，全数使用公平交易咖啡，一杯才60元。玉山旅社前的咖啡馆就叫"玉山旅社咖啡"，门前有许多古早的长条板凳。后面还留了一个空间，希望未来想创业的年轻人愿意在这里开设简餐馆，让玉山旅社的饮食更加丰富。

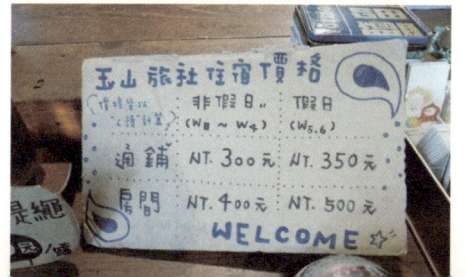

旅社一楼有许多老东西，包括菜橱仔，是古早没冰箱时储放食物或还没吃完的饭菜的橱子。另外，好久不见这种电风扇，右下方是手动的开关，可调整风速。

阳光穿透二楼窗台，这里有干净的通铺，几乎打通的大空间，是旅人温暖的休息站。榻榻米上摆放了些许座位，夏日凉风吹来，睡意也跟着袭来。木造窗棂，搭配桌上1930年代的热水瓶。

玉山旅社时常举办艺文活动，包含展览、演讲、电影欣赏，并提供背包客住宿。

嘉义市共和路往北门驿方向是一条很有风韵的街，两旁至今都是两层楼高的旧房子。那天，我站在历史交汇的共和路上，有些恋恋不舍，突然担心起来，这么美的地方，以后会不会变成水泥大厦？

旅社对面便是历史建筑北门驿。日本人在1899年发现了阿里山森林，因为蕴藏量足够执行伐木计划80年，于是建造了阿里山铁道。台湾产的上等桧木、扁柏转运到日本与台湾平地盖神社，同时也供应给日本关东、关西与九州岛岛岛

民宿Info

地址：嘉义市共和路410号（北门驿站前）
电话：05 - 2763269

房价

	平日	周五、六、日	过年
通铺	300/人	350/人	400/人
房间	400/人	500/人	800/人

请自备牙刷、牙膏、毛巾，无早餐。

的造船业，运材铁道终站设在嘉义的北门，日本人称车站为驿，所以，这座建于1910年的木作车站称为北门驿。在当年它不仅是车站，还因为需要林务管理，所以有了营林所的存在；又因为需要铁路机械维修，所以有了北门修理工厂。

北门驿，从1912年到现在已经超过100年了。一个牌显示车站海拔高度31米，另一个牌子写着，往东到竹崎、往西到嘉义。走进车站里面的售票口，可以来搭火车。上头还写要购买百年森铁纪念车票的请到嘉义站购买。从外面的栅栏可以看到铁轨，还可以看到火车进站，很幸运我也刚好看到一班火车。

北门驿全景，走出车站有一个小公园，再往前走一分钟即是玉山旅社。支持文化和历史建筑的余国信，把在荒废多年后的玉山旅社承租下来，注入新的文化元素，为老房子赋予新意义！

旧时木造房子的魅力完全被全新玉山旅社咖啡打造得一览无遗，如果接下来有要来住宿，或者只是过客般的歇息，别忘记在北门驿旁，大树底下，有这么一间咖啡店，安静的座立，等待旅途中需要补给的你。

欧莉叶荷城堡民宿

Olliere

在环山绕景的埔里山城，一座欧式城堡花园正巍立其中，您凝神注目，试着了解，她每一个华丽繁复的细节，会令您无法置信竟坐落于台湾。从出发前往的那一刻开始，请想象自己就是18世纪奢华的皇室贵族，乘着马车前来，穿着束腰托胸的紧身蕾丝蓬裙，头发被高高盘起，用最雍容的姿态邂逅这座等同华贵的城堡民宿——欧莉叶荷。

　　下了马车，站在欧莉叶荷的大门前，就能感觉非凡的气势，高约两层楼的锻铁大门，门栏优美如藤蔓，蜷曲着门后透出的光辉，抬眼一看，门上用法文烫金字体优雅吐出"Chateau de Olliere"，其名取之于19世纪中叶，南法尼斯华丽的欧莉叶荷城堡，该地是俄国沙皇尼古拉二世的亲信罗班洛夫和美丽的法国贵族热恋之地，仿佛也宣告着欧莉叶荷城堡就如同她的典故一样，有能够实现各式各样浪漫想象的魔力。

　　很久以前和朋友来过欧莉叶荷城堡吃下午茶，当时就觉得这里好美，没想到多年后再访欧莉叶荷，这里竟然没什么改变，外观维持得相当的好。

　　欧莉叶荷，光听名字就很梦幻了。这座美丽的童话城堡，是民宿主人耗时五年，花费2.5亿打造的梦幻庄园，远从欧洲带回的饰品挂画，餐具床组，各式珍贵的收藏品，重现了欧洲王宫贵族的生活奢华程度，绝对令你难以想象。谁会想到，纯朴的埔里山城，竟隐身了这么一座梦幻华丽的城堡！

欧莉叶荷城堡是城堡女主人为了圆梦而盖的，在这里，可以看到许多从欧洲进口的摆饰，举凡水晶吊灯、瓷砖、沙发床组等等，将城堡的氛围打造得很有华丽的宫廷风格。当然了，如果想要感受这地道的欧式宫廷风情，来这住一晚吧，是非常浪漫的体验。

接着我们就来欧莉叶荷城堡里头逛逛，看看这里有些什么不一样的地方吧。首先看到的是这欧莉叶荷主建筑，尖塔斜屋顶，打造得十分梦幻。里头提供了餐点及下午茶服务，若只是买门票进来不用餐的话，室内的区域是不能参观的。

在欧莉叶荷里，我们会看到四栋不同风格的建筑，最主要的住宿区是这栋伊莉莎白城堡，白色的建筑，圆拱回廊，充满了巴洛克风格，不过，

真正精彩的在里头，等等再一起介绍给大家。往后方走，这栋典雅的建筑是维多利亚城堡，里面出售一些国外进口的精品。另外这一栋是国王与皇后的城堡，也就是民宿主人住的地方，打造得也很有异国风！

来到欧莉叶荷，一片绿意环绕，庭院中种植了不少花卉，穿梭在这小花园之中，是很舒服的享受。在庭院里，也多了一些以前没有见到的可爱造景。其中，最可爱的是这区城堡猫头鹰森林的户外爱心饮品BAR，虽然猫头鹰森林这一区块目前范围不大，但听说后方一大片空地未来将会规划为落羽松森林，让人好期待。

地址：南投县埔里镇鲤鱼一巷27号
电话：049-2993636
网址：http://olliere.emmm.tw/

那次，我住在玛丽皇后房，房间是走温馨的风格。墙上有满满的碎花图案，轻轻柔柔的调调，让人感到很舒服，而房间内的灯饰及床组，几乎都是从欧洲进口而来的，在用料上很扎实，很有质感。听说之前林志玲也是住这家呢！房间内准备的零食小点心都可以自由取用。往浴室走去，这里有个超大的泡澡浴缸，晚上可以在这里泡泡澡，舒缓一下身心。

在欧莉叶荷住宿，如果晚上不想外出用餐，也可以另外加价预订他们的晚餐，晚餐的部分还蛮精致的，但价位不低！整个套餐有前菜、色拉、汤品、甜点、饮料，老板还会特别拿出进口红酒招待来用餐的客人。

第二天一早，是一人一份的大而幸福的英式传统早餐，烟肉、香肠、土豆和蛋，配上Earl Grey 奶茶，清清爽爽的，迎接新一天。

这回受到观光局邀约，要来体验城堡民宿，虽然是经营多年的城堡了，但我觉得整体感还算新颖，入住的感觉都还不错。如果喜欢这样具有欧洲异国风情城堡的朋友，找到这家隐身在埔里山林间的城堡民宿，一起来住一晚吧！

巷子弯弯

Bed & Breakfast

　　台中是很适合享受悠闲慢步调的地方，也是启发人实现梦想的地方。在这个城市中，新与旧和谐共存，旅人只要转个身，走进巷子内，总会遇见一些surprise，就好像今天入住的民宿一样，令人玩味。

　　巷子弯弯，地处在人潮汹涌的一中街商圈与充满琳琅满目各式美食的中华夜市中，却藏身在弯曲的幽静小巷里，由繁华转进幽静，仿佛进入时光隧道，古朴的外表，充满暖暖的感觉，旅人可以感受到不同的时光在流转，很感动因为民宿主人对老屋文化的坚持和尊重。

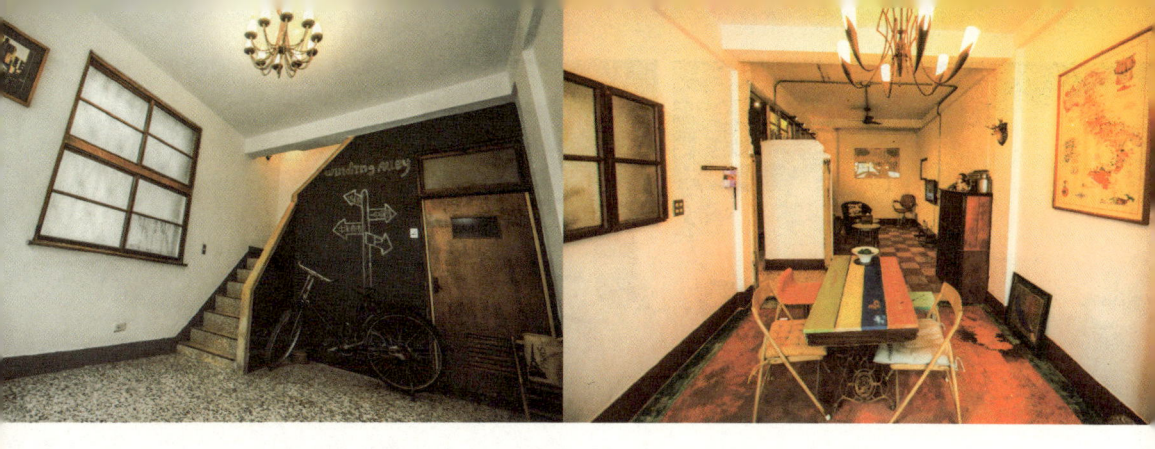

  老房子对我来说往往都有一种神秘感。究竟它的前生今生和外围景物的互动关系如何，总是让人想揭开它神秘的面纱！那栋老房，承受着多少时光的重量？有点那么不堪负荷，压在它肩上，随着时光负荷越重，越无法挺起脊梁。也许捡起一点时光，抚平它的伤痕，挺起它的弯梁，这就是巷子弯弯民宿的魅力。

  这家在巷弄内的旧建筑是多么的低调，美丽斑驳大幅白色的油漆色与条状栏杆穿透看见的美式复古大门，我想还真的要玩家带路才能发现原来这里躲了一间这么值得推荐的民宿！

  这是第二次入住，我忘不了这品味的老房。民宿主人就像是一剂补药，给残喘的老人一个回春的机会，一楼的咖啡厅里，隐约感受得出老房子的结构，低矮的天花板，造成回音轰轰，轻柔的色调，辉映着昏黄的灯光，好适合旅人优闲地住上几天。

  共有一层楼三种房型（二人房、三人房、四人房），这层楼风格上走一点美式工业风搭配点缀性台湾与日本装饰品，从墙面强调手调油漆到使用顶级床具和沐浴用品等等，无不发现民宿主人与设计师的用心。

坐在客厅的老沙发里，木门敞开，屋子里的日光是薄薄的金色，耳边还是那首经典老歌，在光影流转之间原先躁动的心情逐渐沉静，感受愈发满盈。当你踏出咿呀出声的木门，便将故事留在旧时光里，却又拣了些许揣在你的胸臆，掩起门扇，转身走出巷弄，脚步从容而轻盈，然后往城市的另一个角落探去。

最近民宿三楼房子作一些不同的尝试，变成仓库氛围的摄影场地，提供拍摄服务。Jodie和伙伴们讨论过后，也想让这栋老房子能被更多人认识、活化房子的多样性，于是在维护珍惜老屋的前提下，拟出了初步的租借方式。先以免费开放的方式，提供给喜爱老宅的朋友拍摄取景，采用前一个月预约制（例如：4月可以预约5月的时间），非常欢迎摄影师、艺术家、创作人来电预约时间和时段。目前开放左转房和三楼使用，建议拍摄前可以先到现场勘景。

民宿Info

地址：404台中市北区中华路二段（靠近中华路夜市）

电话：0909-225-488

服务及设施：因为巷子弯弯的街坊邻居都是阿公阿嬷比较多，希望入住的旅客们尽量保持轻声细语，谢谢您。

网址：http://windingalley.pixnet.net

星级评价 ★★★☆

南投县日月潭周边游

日月潭线：沈醉山光水色

日月潭为台湾第一大内陆湖泊，古称"水沙连"，位于南投鱼池乡，四周环山，潭面辽阔，清澈碧绿，风光旖旎，还有独特的原住民文化流传其间，不仅是台湾地区最负盛名的国家风景区，还在国际间也远近驰名。台湾好行路线带大家从台中火车站、高铁台中站出发，仅需90分钟就抵达宝岛的山中明珠，到了日月潭，游客可利用环潭巴士或交通船接驳行程，提供游客有弹性且自在的游憩路线。

埔里环镇街车：嗑当地小吃

台湾好行除了日月潭直达线外，另辟一条途经埔里的专车，让整个旅程增添更多特色。转往埔里可换乘埔里与日月潭间的南投客运接驳车"埔里环镇观光街车"畅游，所经之地包含中部佛教重地中台禅寺、鲤鱼潭、埔里酒厂等，让旅程充满多元化乐趣。除了景点多了变化，埔里地区还有具特色的当地小吃值得品味。

水社游客中心：租单车买特产

建议停留20分钟

水社游客中心为台湾好行日月潭线的终点，游客中心内提供完整的游憩信息，以及导览志工的咨询，走一趟能为接下来的日月潭之行做好完善的准备。水社游客中心楼下为自行车租赁中心，想以自行车环湖的民众可以于此租借自行车，或步行至水社码头搭乘交通船游湖，一览日月潭的风光明媚。

在风景如画的日月潭水社码头旁，由经济部中小企业处设置的"中台湾OTOP馆"，出售许多台湾地方特色伴手礼及工艺品，并展示台湾独有的精致文化和技艺，在此可采购鱼池乡著名的日月潭红茶、香菇等当地特产。

日月潭缆车：眺望山光水色

建议停留4小时

乘坐交通船掠过湖面，看着四面环山，潭面碧影，著名地标慈恩塔矗立于山头,缆车往来穿梭于山间,如此风光让人精神为之一振。10分钟之后行至伊达邵码头,回首赏湖面,又是另外一番风景。

来到日月潭,一定不能错过由缆车上往下眺望日月潭山光水色的机会,缆车慢慢上升,湖面越小景色却渐丰富,往来码头间的交通船划过潭面,搭配水中浮田构成优美景致,远处的山岚与偌大的日月潭,交织成经典风景画。跨过水社大山支脉卜吉山的二脊之间,云雾缥缈有如仙境,终点是九族文化村,是一处适合全家同游的主题乐园。

车埕小镇:吃木桶便当

车埕是一处紧邻明潭抽蓄电厂的纯朴小村落,也是南投观光铁道支线的终点站,早期曾因兴建大观一厂及巨工电厂,木材产业而繁荣一时,现以铁道文化、木材产业文化、电力产业文化、酒庄产业文化和观光休闲农业,结合政府和地方产业,以具有怀旧古迹与人文气息提升为特色,成为一处兼具游憩与教育功能的旅游区,更是结合一乡一村特色示范的小区,变身优质赏景的秘密花园。

游览过日月潭大好风景后,可以搭上免费接驳公交车,前往这静谧却格外别致的小村落,体会伐木业的兴衰,顺道品尝传承已久的木桶便当。

Chapter 5

外岛

澎湖 / 金门 / 小琉球 / 马祖

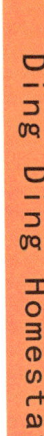

叮叮单车民宿
Ding Ding Homestay

叮叮单车民宿在他们官网上写着：玩金门"开车太快 走路太慢 骑车刚好"住金门"市区太吵、古厝太远、叮叮民宿刚好"。

的确是像他们说的这样，玩金门，骑车真的很适合，叮叮单车民宿有提供单车租借和单车游玩行程规划，地理位置又刚好在离金湖市区很近的住宅区，安静又方便，干净的房间设备，价格上很亲民，老板一家人也十分友善，更有热情的狗狗随时等你来临幸。

以斑点狗及单车为主题，空间营造非常舒适，主人是古迹修复者，常要往返台湾金门两地，这家由民宅改装成的民宿，每个角落都看得出主人用心设计，远远望去这栋叮叮单车民宿，有着小希腊风的感觉。

叮叮之所以称为叮叮，是因主人从小爱狗养狗，在部队服役时养了一只土狼狗，后来部队移防便把狗送给友人，返乡后终于可在自己生长的地方养狗，因缘际会认养了一只大麦町，温驯可爱模样几乎成了金湖大人小孩最爱的狗，所以主人便把民宿漆成如叮叮花纹的模样。很棒吧，而其实叮叮只会安静待在一楼，不会进到民宿喔，怕狗的朋友不用怕。

叮叮单车民宿入口摆设有风狮爷和地雷，好喜欢这个地雷牌子，只是要在金门找到地雷纪念品真的很困难，不过叮叮单车民宿里有卖。风狮爷、高粱酒、钥匙圈等纪念品，让游客少了寻找纪念品的辛苦。

走往叮叮民宿二楼，就是空间硕大的客厅，钉上木板更加舒适，两旁有书籍及纪念品出售，价钱绝对都比外面还要便宜，也有一台计算机可供使用，一些木材是从台湾来的，也成了简便休息座椅，墙上是生态摄影家的作品。

走进叮叮单车民宿后，看到走廊、楼梯间都有一些可爱壁贴，小狗、生存游戏，都不免计人会心一笑。三楼的户外平台，可一览太武山粗犷美景。

我这次住的是305跃层景观双人房，平日1800元，假日2000元，和式空间非常舒服，落地窗外便是湖景，好爱这个小客厅。楼上的床铺有三张，一张双人两张单人，应该是可以加到住四人，虽是跃层，但不会有压迫感。床铺睡起来稍微柔软很舒服，叮叮单车民宿真的很适合一群朋友来住，交谊厅和整个规划都让人住了就不想离去。

靠墙的长桌其实还蛮长蛮够用的，桌上有提供矿泉水，喝不够可以上去二楼公共空间有饮水机。

民宿Info

地址：金门县金湖镇山外里12号（黄海路金湖小学对面）
电话：082-335823　0934-335823
网址：http://www.082335823.hos.tw

这里早餐提供的是金门传统的广东粥和油条，来金门早餐就是要吃这一味啊！金门的广东粥有丰富的料，肉块、猪肝、蛋花汤头很棒！熬到完全吃不出米粒，口感浓稠，搭配在一起就是来金门必吃的早餐组合。

房价

103 温馨双人房	平日 1400 NTW	假日 1600 NTW
105 温馨双人房	平日 1400 NTW	假日 1600 NTW
201 景观双人房	平日 1600 NTW	假日 1800 NTW
203 舒适双人房	平日 1600 NTW	假日 1800 NTW
305 跃层景观双人房	平日 1800 NTW	假日 2000 NTW

[客房设备] 双人床衣物橱、梳妆桌椅、32寸液晶电视、冷气、吹风机、无线网络Wifi（需自备计算机）。
[客房备品] 毛巾、浴巾、室内拖鞋、沐浴乳、洗发乳、香皂、牙刷牙膏组等（为响应环保，续住不另换毛巾、浴巾、床单，如有需要敬请告知）。
[贴心准备] 茶包、咖啡包。

星级评价 ★★★★

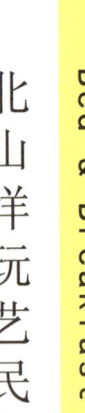

北山洋玩艺民宿

Bed & Breakfast

来金门一定要住古宅民宿才算来过金门！

这次来体会一下金门一座很有特色家的住宅，因为这种洋楼建筑也是金门的一大特色，早期的金门子弟出国打拼，赚了钱回乡衣锦荣归之余，也要盖个洋楼，气派一下，洋楼就是在这样的时空背景之下产生的。

这栋洋楼是五脚基型番仔楼，最大的特征就是山头上大大的"BENIBIN"与"LUCKNESS"两个洋文，前面一个"BENIBIN"一般的看法是闽南语"菲律宾"的拼音，后面"LUCKNESS"有幸运的含意或是吕宋的意思，说法很多种。

采西式设计，为洋楼量身定做透明拉门卫浴设备，让整个房间具透视感，穿透整个洋楼，让整体合而为一，内部以西式设计结合漂流木，空气中弥漫着舒服的杉木气味，整体别有一番风味，在民宿的二楼房型特别设计了家庭房，可以将房间弹性增加，从四人房增加到八人，让旅行中的客群可有更多样化的住宿方式。

民宿主人一家其实原籍就是在金门，只是过去都在台北生活，刚好借着经营民宿的机会搬回到这片土地，北山也是他们从小曾经生长生活过的地方。来到这里立即感受到民宿主人的热情，而且原本民宿主人是位摄影师，很擅长拍照与取景角度，有问题都可以询问。

三层楼的民宿空间，充满了民宿主人的巧思设计与装饰打扮的用心。从入门廊道的空间开始，就摆满各种人人小小的杂物与古货，琳琅满目。但不管是门口廊道或一楼空间都有座位区，你会有种被古物包围的感觉，很有趣很怀旧。店主很用心，甚至有许多旧物都还在整理中。

我们这天主要住宿的房间是在二楼，整个古色古香的空间基本上在金门老房子格局都这样。二楼中间以前是厅堂，现在也变成休憩空间之一，但还是保有了古老的架构与格局。住宿的空间都不是太大，却有种特别的怀旧体验。

外面是个小露台，摆上了小桌椅可以让人家在这边泡茶、聊天、吃饭，很惬意。甚至晚上坐在这喝点小酒聊聊天配上宁静夜色根本是完全不觉时间在流动。如果想要待在金门享受片刻的宁静感，这里是个很棒的休息之处，点杯咖啡或饮料就可以坐在这里一下午。

走上楼梯迎面而来的是另一种不同的景观，有别于洋楼的外观，里头保留着中式装潢与家具，这里平时还有供应餐点，如果没有住宿也可以来此用餐享受这宁静的感觉。洋楼的后方则是民宿主人的小菜园，在这里有许多有机蔬菜，也有种植洛神花，开的结实垒垒的模样。仔细看洋楼墙上有不少弹孔，不难想象当年古宁头战役的惨烈！

由于北山也靠近金门的蚵田区域，所以采金门石蚵的行程也是在这民宿入住时可以亲身体验。等我们一行人都准备好后，接下来民宿主人就带我们去采石蚵。

这里地点已经非常靠近厦门了，肉眼清晰可见，要是天气再好一些，可以看得到对岸的高楼大厦。采石蚵的地方可是烂泥巴一堆！如果不是走到正确的小径上，每一步都陷入其中，举步维艰，所以采蚵是非常辛苦的工作。很快民宿主人示范用工具将石蚵敲下来，我们当然也好奇地来铲一下石蚵，还蛮有趣的。不过，这个采蚵还真辛苦而且水真的很冷！

总的来说，北山洋玩艺民宿很适合想找寻心灵净土的朋友造访，体会都会中少有的宁静与安详。但

是民宿主人可是很活泼的哦，如果想要找新鲜好玩的，想要探索不一样的金门，民宿主人可是非常乐意！

Info

地址：金门县 金宁乡古宁头北山171号
电话：0972-984-979　082-320879
网址：yangwanyi171@gmail.com

星级评价 ★★★★

房价

房型	平日	假日
双人房	1800 NTW	2000 NTW
家庭房	2800 NTW	3200 NTW
8人家庭房	5200 NTW	5600 NTW

杉板湾观海Villa民宿

ShanBan Bay Inn

小琉球是一座珊瑚礁岛,所以,周边海域有许多珊瑚礁石群,从美人洞附近的望海楼欣赏碧绿清澈的海域,可以看到白色浪花和碧绿、湛蓝的海水渐层变化。

虽然不是第一次来到小琉球，也不是第一次在小琉球岛上过夜，但一切的感觉都充满期待感。抵达了小琉球，直奔民宿去放行李去。这次是一个人的旅行，来到小琉球，一个人游荡着，在这样的离岛上过夜，感觉更是新鲜！

这次入住的民宿是位于小琉球肚仔坪的杉板湾民宿，这家民宿一直是我梦寐想住的民宿之一。两年前的夏天，曾来过小琉球展开一天的小旅行，那次骑乘机车环岛途中看见了一个充满着南洋风情的休息区，和朋友就欣然入座眺望着休息区的大海，那时看见了杉板湾民宿，就许愿下回来到小琉球一定要入住看看这家民宿。两年后又回到了小琉球，看见了同样的那个海湾，而我也实现愿望入住了这家我心中的梦想杉板湾民宿。

杉板湾原名舢舨湾，系先住民驾着舢舨追逐着飞鱼，群体休憩停靠的海港，此海湾美景天成，珊瑚礁奇岩、金黄色沙滩、

生态丰富潮间带，还有宛如阿凡达情景的山猪沟生态步道，夕阳无限好的日落美景，绘织成一幅梦幻般的天然美景，民国三十六年（1947年），实施地方自治，将此海湾划归杉福村，因而改之为"杉板湾"。

小琉球无特定季节风，除台风侵袭外，终年风平浪静，水波不兴，大海平静宛如一面镜子。适逢月圆时分，又大又圆的月亮升起，照在平静无波的杉板湾海面上，平静的海面像镜子般反射，形成一片金黄色的大海面，碧波万顷，一望无际，月亮与海平面共谱黄金恋曲，此月亮黄金海为杉板湾独特二景。

民宿走的是Villa路线，每一间客房都是独栋独立的，不用害怕会遇到很吵闹的房客，更可享有属于自己的独立空间。做完入住登记后，拖着沉重的行李前往今晚入住的房间，穿过大厅后，两旁的独立Villa一栋栋矗立。走道两旁充满南洋风情的植栽和舒服、干净的空间，让人心情为之大好。

今晚入住的是杉板湾民宿的精致双人房的一大床房型。房间装潢素雅，采黄色系的暖色调，看起来相当温馨舒适。床旁边就是一大片落地窗，因为房间四周有高墙阻隔，不用害怕隐私外泄问题，若还有堪忧的话，可以拉上窗帘。不得不说杉板湾民宿的插座空间非常多，对于我这种随时需要插座的住客来说可是非常重要的。

一夜好眠之后，隔天起了个大早拿着早餐券前往餐厅享用早餐，从中式馒头、包子、稀饭到

民宿Info

地址：屏东县琉球乡肚仔坪路2-10号
电话：08-8613300
网站：http://www.sbbay.com.tw/

西式的餐点面包都有。虽然菜式不多，但基本的口味都有，尤其是木耳和青菜真的很好吃。

杉板湾民宿主打的是充满南洋风情的装潢Villa风格，让每个人入住时都能享有最放松及最舒适的空间。最后，界于海水高度最高潮与最低潮间的区块称为潮间带，退潮时有着丰富多元的生态，可供旅客探访，如海星、海胆、海参、海兔、珊瑚礁鱼类等，是小琉球生态旅游的重点项目，民宿备有专人导览解说，让旅客能充分体认小琉球潮间带丰富生态之美。

服务及设施：住宿均提供早餐自助吧、导览观光地图，并提供机车及东港—小琉球来回船票代订服务，需以现金或事先汇款，恕无法提供任何刷卡服务。

房价

项目	二人房（一大床）	四人房（二大床）
定价	6000NTW/间	8000NTW/间
假日价	5400NTW/间	7200NTW/间
旺日价	4800NTW/间	6500NTW/间
平日价	4200NTW/间	5500NTW/间

星级评价 ★★★☆

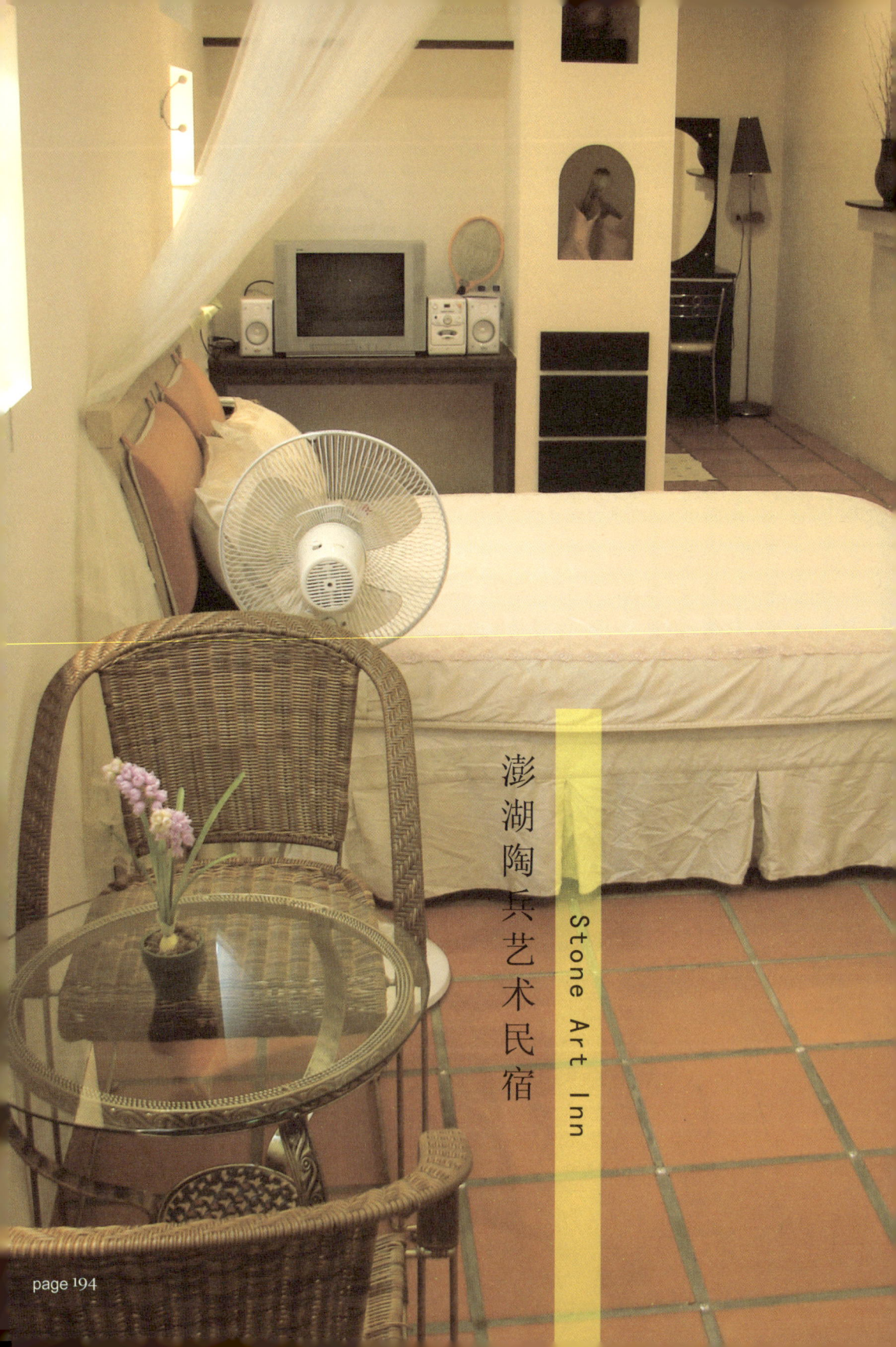

澎湖陶兵艺术民宿

Stone Art Inn

　　有些民宿的缘起，真让我想起了一句话："直至生命结束的一刻，你永远不知道怎样走。"

　　任树龙先生是澎湖很有名的艺术创作者，原本房屋是自己住的，所以每一个房间都是自己设计与规划，充满了艺术的气息与感觉。如果你只是想要找个可以睡觉的地方，我就不建议你住这边了，因为来到这里，处处是惊喜，眼睛可以感受很丰富的视觉震撼，利用晚上的时间与任先生艺品DIY创作和交流，更有时会碰上很多电视节目主持人来民宿拍摄节目。

　　由于年少轻狂，懵懂无知，20岁的男主人任树龙与艺术擦肩而过。因为陶艺结缘，与女主人黄秀惠和艺术自此深情相许，32岁的任树龙与艺术"缘订一生"，与女主人"情定菊岛"，于是舍弃父亲的期望，他从军中生涯逃向艺术人生、逃向澎湖，"澎湖陶（逃）兵"就此在菊岛落地生根。转换跑道后的男主人从陶艺出发，向石雕、石头彩绘、漂流木及多媒材创作延伸，首先成立陶兵创意工房。

　　沿用了陶兵创意工房的创意与发想，男主人将其作品与巧思布置在民宿的各个角落，希望将艺术气息分享给所有游客。而女主人认为经营民宿迷人之处正是可以依照自己的梦想去打造美丽的家园，游客若是寻梦者，民宿主人便是筑梦者。陶兵民宿的经营理念很简单，就是经营一个艺术家的家，让游客来民宿住宿像家一样自在温馨，随处可欣赏主人的艺术创作，还有自己营造的民宿风格！

　　因为不喜欢视野受到拘束，除了需要隐私的卧室有隔间外，民宿的其他空间都采用开放式设计。

传统的中国式斜屋顶，配上西式的罗马柱及栏杆，看似不协调却又不唐突，民宿的室内除了客房外，尚有客厅、咖啡厅、展示厅，室外更有主人亲手拼造的一面艺术墙的前院及鸟语花香的后花园等公共空间，供游客休憩。

强调以艺术为主题的澎湖陶兵艺术民宿，除了邀您到菊岛来欣赏美丽的海洋风情外，还特别安排了半日的艺术行程，只要4人就可成行，民宿主人任树龙将亲自带领客人到海边捡拾老古石、鹅卵石与贝壳等材料回民宿进行创作（需来电预约）。

另外，每天晚上8:00－10:00的时间还有艺品DIY的课程，所有的创作大多以澎湖当地素材为主，只酌收材料费150元，教学完全免费，欢迎喜欢艺术人文的客人，一起来感受与体验艺术行程带来的感动与喜乐。

地址：澎湖县马公市兴仁里114-8号
电话：06-921-8505、0938-355-901
网址：http://www.stoneart.tw

服务及设施

免费提供中式、西式早餐，如是吃斋请事先告知。
◎免费机场及市区码头接送。
◎提供汽车、机车租赁及旅游行程安排服务。
◎晚间8:00设有艺品DIY时间，由民宿主人免费教学，酌收材料费，欢迎自由参加。

候鸟潮间带民宿

Migrator Intertidal Homestay

走遍台湾本岛外,其实还有外岛,包括澎湖、金门、马祖和最偏远的兰屿,令大家更容易体验不同特色的民宿。而我要介绍一家非常特别的民宿,因为碰上满潮时候,候鸟潮间带民宿会有三分之一淹没在海潮中,也是全台民宿中独一无二的的特色。

这家斥资二千余万元兴建的民宿,其实是两栋不同造型建筑的组合,也给予民宿不同的面相,无论从那一个角度看建筑,造型皆不同。由于海景太美,候鸟民宿每一间客房均辟有观景阳台,让住客可以优闲坐在阳台看海或听海,而双人房与听涛房均在阳台上巧布秋千躺椅。

　　候鸟潮间带民宿意谓着最珍贵的夏候鸟（燕鸥）及不畏东北强风的冬候鸟。燕鸥每年夏季4～5月起就会造访澎湖，在澎湖各无人岛及无人干扰的海岸旁栖息、繁衍，等待新的下一代能振翅高飞；自己也休养生息，期待能再往下一个旅程前进时，带着新生命、新希望离开澎湖。

　　候鸟民宿开业这一两年，吸引了许多度假的家庭及放慢步伐的旅人是有一定原因的。民宿前私有地连接一带黄亮的沙滩与展延而开的海景，落脚城前村宁静的港区，独揽码头与潮间带的美景，顽石庭园无光害的星空迢远蔓延。另外，民宿房间以原木地板的沈稳内敛搭配大片落地窗的明亮活泼，每个房间都提供阳台躺椅让房客不浪费眼下美丽海景，加上主人是澎湖野鸟学会的会员，热衷于澎湖大小"鸟"事，对生态狂热的喜好与赏鸟充沛知识，可以带给游客另类的挖掘宝库（民宿内收藏有许多生态与鸟类知识的书籍供游客免费阅读）。

　　澎湖的旅程中，交通工具是重要的规划之一。因为大众运输工具的不便利，所以想到澎湖旅行的自由行旅人，到澎湖首要之务即为安排交通（机车或汽车）问题。民宿帮住客规划了机场租车的服务，在每位住客抵达马公机场后，即可在机场内的日升租车柜台（告知是候鸟民宿的客人）办理租车服务，并会为您提供路程的解说服务。若您的行李不方便载运，请在柜台填写候鸟潮间带民宿专属行李牌，系于行李上，放在日升车行内，民宿将于入住（下午3:00）前，将行李接回民宿，这是旅人一大喜讯。

民宿Info

地址：澎湖县白沙乡城前里
电话：06-993-2511
网址：www.migrator.com.tw

房价

房型	平日	假日	标准入住人数
沐月双人套房	平日：3800 NTW	假日：4600 NTW	标准入住人数：2人
迎曦双人套房	平日：3800 NTW	假日：4600 NTW	标准入住人数：2人
星空四人跃层套房	平日：5800 NTW	假日：6800 NTW	标准入住人数：4人
星晴四人跃层套房	平日：5800 NTW	假日：6800 NTW	标准入住人数：4人
醉日四人套房	平日：8000 NTW	假日：9600 NTW	标准入住人数：4人
听涛四人和式套房	平日：4800 NTW	假日：5800 NTW	标准入住人数：4人
恋海四人套房	平日：4200 NTW	假日：4800 NTW	标准入住人数：4人

进房时间：15:00以后
退房时间：11:00以前
服务及设施：四人房以上均提供浴缸，淋浴设施则为多段按摩莲蓬头。
民宿会视天候潮汐而定，在允许的时间内，提供潮间带生态体验行
为响应"低碳岛生活圈"方案，即日起酌收BBQ烤肉活动场地服务费。
开放时段：17:00～22:00（以不打扰其他房客休息为前提）
场地费用：50元/人

星级评价 ★★★★

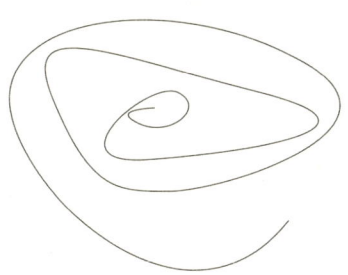

Mermaid Hill

人鱼之丘海景民宿

"悠游在深蓝国度的人鱼
大海的魔法将鱼尾幻化为双脚
留下沙印的足迹
舞出没有拘束的生活方式
却忘了自己从何而来
终日远眺在湛蓝海洋的回忆里追寻
人鱼,最想居住的地方在哪里
走到菊岛的五德海岸边"

看了以上的一段文字后，我的心便难以抗拒诱惑，决定走访这个 "童话魔幻乐园"。能否遇见美人鱼？菊岛民宿达人Well，继希腊边境、北菲花园后，又以人鱼之丘独特的旋转建筑造成轰动。人鱼之丘的外观发想自潮间带海洋生物在海边堆砌沙丘的概念。无论建筑或是客房陈列，都是以美人鱼居住的环境来想象，而环绕着沙丘的海水仿佛引领着美人鱼回家。浪漫的童话故事就此展开……而我们就是来寻梦的——传说中的美人鱼会出现吗？

如果你住在这座构筑中，身处梦幻之塔般的人鱼之丘和360度环绕城塔的泳池，面对美丽土耳其蓝色的海，守护着人鱼的居所，那将会是旅途中一道美丽的风景线。

人鱼之丘海景民宿，坐落在本岛南环的锁港附近，离海只有25米。楼高五层，客房装潢基调多以白色为主，大片落地窗保留了最自然的采光，以及窗外最美丽的动人海景。最特别的是全栋无直线设计，同样的建筑特色展现在客房里，带来更多空间及视野的延伸感，活泼和优雅的质感兼具。

page 203

深1.3米的人鱼之丘泳池环绕着民宿而生，面海一方的无边界设计，让旅人可以更优闲地躺在这里看海赏景。紧邻澎湖澎南区最辽阔的五德海域，潮起潮落、日出夕落间的景致变化和氛围，旅宿于此便能坐拥领会。白天是美人鱼的家，入夜后这里的夜色亮丽动人。近海舟船渔火点点，远方人家灯火通明，打造这里宁静而缤纷的夜。

每一个房间都面海，环绕着民宿的无边界泳池中您可以趴在泳圈上，让水流带你环游民宿，退潮时民宿前面还有大片的潮间带供来访的朋友嬉戏。

民宿提供每天下午认识潮间带的免费附加行程，还可以在泳池旁享受民宿精心准备的美人鱼早餐。

我在这地方最终没有碰上美人鱼，但是童话魔幻乐园中的欢愉，令我游而忘返！

民宿Info

地址：澎湖县马公市鸡母坞130号
电话：06-9215000
网站：http://mermaid-hill.com/

房型价位：（平日为周一~周四；假日为周五至周日）（房价如有异动以来电洽询人鱼之丘为准）

服务及设施：入住一天含一次接送，两天两次来回接送（限机场至民宿或市区至民宿）。

民宿和特约租车行配合提供住客优惠租车，请务必携带驾照。

房价

房型	平日	假日
四人房·海洋之梦	平日：4320NTW	假日：4800NTW
双人房·幸福青鸟	平日：3600NTW	假日：4000NTW
双人房·海草伊甸园	平日：3240NTW	假日：3600NTW
双人房·人鱼公主	平日：4050NTW	假日：4500NTW
双人房·海洋之树	平日：3150NTW	假日：3500NTW

香格里拉休闲民宿
Bed & Breakfast

如果没有实地走过一回,我所认识的马祖就是阿兵哥口中很无聊的小岛。其实马祖四周环海,6500平方公里的海洋,蕴藏着丰富的鱼贝类,百分百的鲜度和强调原汁原味的烹煮,足以让我垂涎三尺,除了鲜美的石斑鱼汤外,还有特有的海钢盔、观音手、竹圣和淡菜。马祖酒厂内除了陈高和米醋外还有老酒,特别是在冬季来临的时候来一碗老酒面线,上头再煎上一个荷包蛋,撒些葱花吃,再适合不过了。

　　北竿芹壁村，号称"马祖地中海"，是整个北竿最美的地方，特有传统的花岗岩石屋，加上无敌海景，朴质无华，却又处处让人惊艳不已。一个转角搭配上大大的标语，历史遗迹处处可见，黄昏时刻望向村里满眼灯火通明，听着海浪拍打声，来杯咖啡，或喝瓶啤酒，好不浪漫。

　　东引其实有许多民宿，这次我们选择下榻的是位于东引乐华村的东引香格里拉休闲民宿，乐华村是整个东引最繁华的地带，除了交通和地理位置相当方便，东引香格里拉休闲民宿也是靠7-11最近的一家民宿。看到这家评价似乎还不错，而且有海景套房，马上就下订。

　　东引香格里拉休闲民宿的柜台区，民宿也是天下杂志所举办的微笑台湾319乡镇所评鉴过的优良民宿，走入东引香格里拉休闲民宿的长廊，一种精致的乡村风格映入眼帘。我们住的这间是三人房，备有一张大床一张小床。这间房型非常适合两大一小，有小朋友的小家庭来住宿。除了住宿环境非常好之外，房间往外望去的风景更是无敌，直接看到的是大海。

不过浴室是干湿分离，空间很大。剔除景色和房间大小不如预期外，硬设备与服务都相当不错。麻雀虽小五脏俱全，该有的设备房间内都有，如基本盥洗用具、衣厨、电视、大镜子等，尤其房间内备有两台计算机，可以让两个人同时使用网络而不会抢计算机。另外，房间相当干净，床铺很大、软硬适中，睡得很舒服。

除了家庭房与双人房之外，还有提供背包客下榻的小房间，这真是旅行东引的背包客一大福音。综观所有房间几乎都有一个共通点，就是可爱的彩绘涂鸦，老板娘说这是特地从台湾邀请插画师来彩绘的。每一个房间都有一个自己的主题，但主题都围绕着东引当地的特色而画。

服务部分，有码头接送，隔天的早餐很贴心的准备便于携带的汉堡和饮料，让游客能带上船。另外，由于台马轮东引至南竿的船票须前一天下午两点购买，为

方便旅客游玩，民宿主人也热心地帮住宿旅客购买船票，让游客不用多花时间买票。而且下午港口广播有新鲜鱼货可以购买，民宿主人怕我们不知道，还很热情地打电话告知，若有需要可以去选购。总之，来东引可以考虑到香格里拉住一晚。

马祖的人情味，是我们这次旅行最大的收获，下午两点钟的马祖街上很多店家都休息中，在路旁修路的工人看到我们以为我们在找寻食物，热情地推荐我们到假日小吃去尝尝蚵仔煎。在店家内老板操着浓浓的台式闽东口音，热情地招呼我们，与我们共桌的当地人也热情地跟我们介绍着马祖的一切一切，热情延续到晚餐后带着我们去追寻大名鼎鼎的"蓝眼泪"，有幸在九月中秋与蓝眼泪相见。

　　民宿的老板娘是东引当地的居民，但后来因嫁去高雄，所以民宿大多托付给姐姐管理，只是偶尔回来一次。而旁边的香记小吃店就是东引香格里拉休闲民宿的发源由来。香记小吃店的内部，内墙也有搭配到香格里拉休闲民宿的彩绘。

　　喜欢寄明信片或是收藏明信片的朋友可别错过了香格里拉休闲民宿出售的东引系列风景明信片哦，只要投入民宿的信箱内，老板娘会帮你亲自寄送出去。

 民宿Info

地址：连江县东引乡乐华村128-1号
电话：0836-76191　0919-280767

房价

房型	海景双人套房价格	军人岛休价位
淡季（11月～4月）	1600NTW（附早餐和接送）	1000NTW
旺季（5月～10月）	1800NTW（附早餐和接送）	1200NTW

星级评价 ★★★

台湾交通资料

捷运

台北和高雄的捷运非常发达，买上一张悠游卡即可。其实和我们的地铁卡没有区别，也是分底费和储值两部分的，各大捷运站均有售。

高铁

台湾高铁从西部连接了岛内的北到南，从台北到左营（高雄）只需要90分钟，且座位宽敞，车上还有可爱的高铁伴手礼卖，价格还可以接受。

台铁

台铁是台湾铁路的根基，尤其是东部海岸线一侧的线路，如果白天乘坐，当真是绝美。另外还有一些有浓浓台湾风情的小段线路，大家也一定不要错过。比如途经九份-平溪的线路等。

相关参考网址：

台湾观光巴士：http://www.taiwantourbus.com.tw
台湾好行：http://www.taiwantrip.com.tw
台北捷运系统：http://www.trtc.com.tw
高雄捷运系统：http://www.krtco.com.tw
高铁：http://www.thsrc.com.tw/tc
台铁：http://www.railway.gov.tw/

环岛自由行：交通服务新突破

从2012年开始，对于那些不想长途驾车也不愿参加旅行团出游的自助旅人，搭乘台湾观光局推介及策划的"台湾好行（景点接驳）旅游服务"，是一个最适合自行规划行程。因你在各大台铁、高铁站便可享受到这个服务。无论是前往客家风情的南庄、山光水色的日月潭、茶叶飘香的阿里山或是白沙椰林的垦丁恒春等台湾特色景点,"台湾好行(景点接驳)旅游服务"已经规划最直接的景点接驳路线、平价的票价、易等易搭的班次,满足您深度探访台湾的旅游交通需求,让您尽情感受台湾的独特魅力。

以下是一些较受欢迎的路线。

新北市:黄金福隆线

(去程):瑞芳火车站→九份老街→黄金博物馆→水湳洞→鼻头站→龙洞海洋公园→龙洞四季湾→澳底→盐寮海滨公园→福隆游客中心

(回程):福隆游客中心→昭惠庙→澳底→龙洞四季湾→龙洞海洋公园→鼻头站→水湳洞→黄金博物馆→九份老街→瑞芳火车站

宜兰县:礁溪线

台铁礁溪站—国道客运站(礁溪)—礁溪温泉会馆游客中心站—汤围沟—跑马古道—五峰路—五峰旗风景区站—林美小区游客中心站—林美石盘步道站

票价:高铁台中站出发,以里程计费。每次搭乘平均约收20元

桃园县:慈湖线

桃客中坜总站—平镇山仔顶—桃客龙潭站—龙潭大池—桃园县客家文化馆—文化路活鱼街—石门大草坪—三坑老街—坪林(石门水库收费站前)—大溪老街—大溪陵寝—慈湖

票价:一日券(一日内不限次数上下车),采取优惠价全票100元(原价170元)、半票50元

彰化县:鹿港线

高铁台中站—彰客彰化站—文化中心—彰化县政府—鹿港南区游客中心—鹿港老街—鹿港北区游客中心

票价:高铁台中站出发,以里程计费

南投县：日月潭线

　　台中干城站—台中火车站—高铁乌日站—牛耳石雕公园—暨南大学—桃米坑—涩水小区—鱼池—日月老茶厂—水社游客中心

　　票价：单程190元，来回340元

嘉义县：阿里山线

　　嘉义台铁站—顶六—吴凤庙—黎明小学（近触口）—龙美—隙顶—龙头坪—石棹—十字村—青年活动中心—阿里山

　　票价：221元/单程

台南市：安平线

　　台南公园→兴济宫、大观音亭→台铁台南站→县知事官邸→延平郡王祠→巴克礼公园→孔庙→赤崁楼→亿载金城→安平港滨历史公园→安平老街、安平古堡→德记洋行、安平树屋→观夕平台→（原线返回）

　　票价：乘车每段次18元

屏东县：垦丁快线

　　高铁高雄站→大鹏湾游客中心→枋寮→车城→南保力→恒春→南湾→垦丁→（原线返回）

　　票价：高铁左营站／垦丁 单程418元 来回650元

　　高铁左营站／大鹏湾 单程146元

花莲县：太鲁阁线

　　花莲火车站→新城火车站→太鲁阁牌楼→太管处→砂卡→布洛湾→燕子口→九曲洞→绿水→天祥

　　（回程）：天祥→绿水→九曲洞→燕子口→长春祠→太管处→太鲁阁牌楼→新城火车站→花莲火车站

　　备注：

　　1.因太鲁阁线，某些路段为单行道，故去程、回程所停靠站点略有不同。

　　2.砂卡、布洛湾：仅去程停靠

　　3.长春祠：仅回程停靠

　　票价：以里程计费

台东县

东部海岸线

旅服中心—公教会馆—传广更生—中兴传广—台东火车站—娜路弯大酒店—台东航空站—台东糖厂—新生路—水果街—森林公园—富冈桥—富冈港口—小野柳—加路兰—杉原—富山渔业区—水往上流—都兰糖厂—金樽—东河包子—东河桥北—阿美民俗中心—小丑鱼主题馆—成功镇公所—三仙台游憩区

票价：以里程计费

纵谷鹿野线

山线总站—旅服中心—公教会馆—传广更生—四维传广—卑南入口—台东火车站—卑南文化公园—南王部落—明峰—原生植物园—初鹿牧场—四维—鹿鸣酒店—昆慈堂—鹿野火车站—永昌部落—永安小区—鹿野游客中心—鹿野高台

票价：以里程计费